中 等 职 业 教 育
工程造价专业系列教材

ZHONGDENG ZHIYE JIAOYU
GONGCHENG ZAOJIA ZHUANYE
XILIE JIAOCAI

建筑工程资料管理
一体化教学工作页

JIANZHU GONGCHENG ZILIAO GUANLI
YITIHUA JIAOXUE GONGZUOYE

主　编■经丽梅
副主编■曹啸宏
主　审■岳现瑞

重庆大学出版社

内容提要

本书按照资料员职业岗位的主要工作任务和职业能力要求设置学习情境,选取并整合理论知识与实践操作教学内容,以职业岗位工作任务为载体设计教学训练活动,构建任务引领一体化教学过程,实现"学做一体",并且配备了真实施工图纸。本书共 4 个学习情境,主要介绍地基与基础分部工程、主体结构分部工程、建筑装饰装修分部工程、建筑屋面分部工程施工质量验收资料的编制。

本书可作为中等职业学校工程造价专业的教学用书,也可作为资料员的参考用书。

图书在版编目(CIP)数据

建筑工程资料管理一体化教学工作页／经丽梅主编
. -- 重庆:重庆大学出版社,2021.8
中等职业教育工程造价专业系列教材
ISBN 978-7-5689-2841-0

Ⅰ.①建… Ⅱ.①经… Ⅲ.①建筑工程—技术档案—档案管理—中等专业学校—教材 Ⅳ.①G275.3

中国版本图书馆 CIP 数据核字(2021)第 136801 号

中等职业教育工程造价专业系列教材
建筑工程资料管理一体化教学工作页
主　编　经丽梅
副主编　曹啸宏
主　审　岳现瑞
策划编辑:刘颖果　范春青
责任编辑:刘颖果　　版式设计:刘颖果
责任校对:邹　忌　　责任印制:赵　晟
*
重庆大学出版社出版发行
出版人:饶帮华
社址:重庆市沙坪坝区大学城西路 21 号
邮编:401331
电话:(023)88617190　88617185(中小学)
传真:(023)88617186　88617166
网址:http://www.cqup.com.cn
邮箱:fxk@cqup.com.cn(营销中心)
全国新华书店经销
重庆升光电力印务有限公司印刷
*
开本:787mm×1092mm　1/16　印张:20　字数:513千　插页:8 开 14 页
2021 年 8 月第 1 版　　2021 年 8 月第 1 次印刷
印数:1—2 000
ISBN 978-7-5689-2841-0　定价:49.00 元

前　言

　　"建筑工程资料管理"课程是中等职业学校工程造价专业(三年制)的一门专业核心课程。本书主要采用"学做一体化"的模式进行编写,按照资料员职业岗位的主要工作任务和职业能力要求设置学习情境,选取并整合理论知识与实践操作教学内容,以职业岗位工作任务为载体设计教学训练活动,构建任务引领一体化教学过程,实现"学做一体",并且配备了真实的施工图纸。本书的任务是通过对建筑工程资料计划、收集、编制、整理、归档、移交等操作业务所涉及的知识与技能的学习和训练,让学生快速并熟练掌握资料员岗位知识、业务流程、操作技巧,并具备资料员的基本职业技能和良好的职业素养。

　　本书主要按照《建筑工程施工质量验收统一标准》GB 50300—2013、《建筑工程资料管理规程》JGJ/T 185—2009等规范、规程进行编写。本书共4个学习情境,主要介绍地基与基础分部工程、主体结构分部工程、建筑装饰装修分部工程、建筑屋面分部工程施工质量验收资料的编制。

　　本书由广西城市建设学校经丽梅、曹啸宏共同编写完成,其中经丽梅负责编写地基与基础分部工程、建筑装饰装修分部工程;曹啸宏负责编写主体结构分部工程、建筑屋面分部工程。本书由广西城市建设学校岳现瑞老师担任主审。

　　本书在编写过程中,得到了住房和城乡建设部中职教育建筑与房地产经济管理专业指导委员会的指导,在此表示衷心的感谢。

　　限于时间和能力,本书疏漏之处在所难免,敬请广大读者批评指正。

编　者
2021 年 5 月

目　录

目录

学习情境一　地基与基础分部工程施工质量验收资料的编制

知识构成

地基与基础分部工程施工质量验收记录包括分部工程质量验收记录、子分部工程质量验收记录、分项工程质量验收记录和检验批质量验收记录。根据《建筑工程施工质量验收统一标准》GB 50300—2013,地基与基础分部工程按表 1-1 划分子分部、分项工程。

表 1-1　地基与基础子分部工程、分项工程划分

子分部工程		分项工程
地基与基础(01)	地基(01)	素土、灰土地基(01),砂和砂石地基(02),土工合成材料地基(03),粉煤灰地基(04),强夯地基(05),注浆加固地基(06),预压地基(07),砂石桩复合地基(08),高压喷射注浆地基(09),水泥土搅拌桩地基(10),土和灰土挤密桩复合地基(11),水泥粉煤灰碎石桩复合地基(12),夯实水泥土桩复合地基(13)
	基础(02)	无筋扩展基础(01),钢筋混凝土扩展基础(02),筏形与箱形基础(03),钢结构基础(04),钢管混凝土结构基础(05),型钢混凝土结构基础(06),钢筋混凝土预制桩基础(07),泥浆护壁成孔灌注桩基础(08),干作业成孔灌注桩基础(09),长螺旋钻孔压灌桩基础(10),沉管灌注桩基础(11),钢桩基础(12),锚杆静压桩基础(13),岩石锚杆基础(14),沉井与沉箱基础(15)
	基坑支护(03)	灌注桩排桩围护墙(01),板桩围护墙(02),咬合桩围护墙(03),型钢水泥土搅拌墙(04),土钉墙(05),地下连续墙(06),水泥土重力式挡墙(07),内支撑(08),锚杆(09),与主体结构相结合的基坑支护(10)

续表

分部工程	子分部工程	分项工程
地基与基础(01)	地下水控制(04)	降水与排水(01),回灌(02)
	土方(05)	土方开挖(01),土方回填(02),场地平整(03)
	边坡(06)	喷锚支护(01),挡土墙(02),边坡开挖(03)
	地下防水(07)	主体结构防水(01),细部构造防水(02),特殊施工法结构防水(03),排水(04),注浆(05)

课堂活动

结合工程实例(以某住宅小区20号住宅楼为例,见本书所附图纸),请学生分组讨论地基与基础分部检验批的划分方案,列出某住宅小区20号住宅楼工程地基与基础施工阶段相关资料名称,编制"地基与基础分部、子分部、分项与检验批划分计划表"(见表1-2)。

表1-2 地基与基础分部、子分部、分项与检验批划分计划表

序号	分部工程质量验收记录	子分部工程质量验收记录	分项工程质量验收记录	检验批质量验收记录表格及验收部位
	地基与基础			

【填写说明】

①依据规范:《建筑地基基础工程施工质量验收标准》GB 50202—2018、《混凝土结构工程施工质量验收规范》GB 50204—2015。

②《建筑工程施工质量验收统一标准》GB 50300—2013 第4.0.5条:检验批可根据施工、质量控制和专业验收的需要,按工程量、楼层、施工段、变形缝进行划分。

③《建筑工程施工质量验收统一标准》GB 50300—2013 条文说明第4.0.5条:

a. 多层及高层建筑的分项工程可按楼层或施工段来划分检验批,单层建筑的分项工程可按变形缝等划分检验批;地基基础的分项工程一般划分为一个检验批,有地下层的基础工程可按不同地下层划分检验批;屋面工程的分项工程可按不同楼层屋面划分为不同的检验批;其他分部工程中的分项工程,一般按楼层划分检验批;对于工程量较少的分项工程可划为一个检验批。安装工程一般按一个设计系统或设备组别划分为一个检验批。室外工程一般划分为一个检验批。散水、台阶、明沟等含在地面检验批中。

b. 按检验批验收有助于及时发现和处理施工中出现的质量问题,确保工程质量,也符合施工实际需要。

c. 地基基础中的土方工程、基坑支护工程及混凝土结构工程中的模板工程,虽不构成建筑工程实体,但因其是建筑工程施工中不可缺少的重要环节和必要条件,其质量关系到建筑工程的质量和施工安全,因此将其列入施工验收的内容。

④《建筑工程施工质量验收统一标准》GB 50300—2013 条文说明第4.0.7条:随着建筑工程领域的技术进步和建筑功能要求的提升,会出现一些新的验收项目,并需要有专门的分项工程和检验批与之相对应。对于本标准及相关专业验收规范未涵盖的分项工程、检验批,可由建设单位组织监理、施工等单位在施工前根据工程具体情况协商确定,并据此整理施工技术资料和进行验收。

⑤桩基按施工流水段、品种规格、沉桩方法、工作条件或机械分组划分为若干个检验批,一般情况下一根桩应为一个检验批,本项目共49根桩,共49个检验批。

📖 教师引导,同学们自评、互评,完善"地基与基础分部、子分部、分项与检验批划分计划表"(见表1-3)。

表1-3　地基与基础分部、子分部、分项与检验批划分计划表

序号	分部工程质量验收记录	子分部工程质量验收记录	分项工程质量验收记录	检验批质量验收记录表格及验收部位
1	地基与基础(01)	基础(02)	无筋扩展基础(01)	砖砌体工程检验批质量验收记录
2			钢筋混凝土扩展基础(02)	承台、基础梁现浇结构模板安装检验批质量验收记录
3				柱基模板安装检验批质量验收记录
4				承台、基础梁钢筋原材料检验批质量验收记录
5				承台、基础梁钢筋加工检验批质量验收记录
6				柱基钢筋加工检验批质量验收记录
7				承台、基础梁钢筋连接检验批质量验收记录
8				柱基钢筋连接检验批质量验收记录

续表

序号	分部工程质量验收记录	子分部工程质量验收记录	分项工程质量验收记录	检验批质量验收记录表格及验收部位
9	地基与基础（01）	基础（02）	钢筋混凝土扩展基础（02）	承台、基础梁钢筋安装检验批质量验收记录
10				柱基钢筋安装检验批质量验收记录
11				垫层混凝土拌合物检验批质量验收记录
12				承台、基础梁混凝土拌合物检验批质量验收记录
13				柱基混凝土拌合物检验批质量验收记录
14				垫层混凝土施工检验批质量验收记录
15				承台、基础梁混凝土施工检验批质量验收记录
16				柱基混凝土施工检验批质量验收记录
17				承台、基础梁现浇结构外观及尺寸偏差检验批质量验收记录
18				柱基现浇结构外观及尺寸偏差检验批质量验收记录
19			干作业成孔灌注桩基础（09）	干作业成孔灌注桩检验批质量验收记录（备注：每10根桩为一检验批，共5个检验批）
20		土方（05）	土方开挖（01）	柱基、基坑、基槽土方开挖工程检验批质量验收记录
21			土方回填（02）	柱基、基坑、基槽、管沟、地（路）面基础层填方工程检验批质量验收记录

　　结合工程实例（见本书所附图纸），在学习本情境各任务后，教师引导学生填写地基与基础分部工程质量验收记录表、各子分部工程质量验收记录表、各分项工程质量验收记录表以及各检验批质量验收记录表。

任务一　基础子分部

知识构成

　　基础是建筑物埋在地面以下的承重构件，用以承受建筑物的全部荷载，并将这些荷载及其自重一起传给下面的地基。基础常分为无筋扩展基础（刚性基础）和扩展基础（柔性基础）两类。

　　无筋扩展基础是指用砖、石、混凝土、灰土、三合土等材料组成的，且不需配置钢筋的墙下条形基础或柱下独立基础。这种基础的特点是抗压性能好，整体性和抗拉、抗弯、抗剪性能差。

将上部结构传来的荷载,通过向侧边扩展成一定底面积,使作用在基底的压应力等于或小于地基土的允许承载力,而基础内部的应力同时满足材料本身的强度要求,这种起到压力扩散作用的基础称为扩展基础,也称为柔性基础,如柱下钢筋混凝土独立基础和墙下钢筋混凝土条形基础。

埋置深度在5 m及5 m以内的基础称为浅基础,埋置深度在5 m以上的基础称为深基础。

桩基础是深基础的一种,由沉入土中的桩和桩顶的承台组成,以承受上部结构传来的荷载。

根据《建筑工程施工质量验收统一标准》GB 50300—2013,基础子分部包含15个分项工程,详见表1-1。

课堂活动

📖 结合工程实例(见本书所附图纸)和表1-3,请学生独立找出本工程案例中无筋扩展基础分项、钢筋混凝土扩展基础分项、干作业成孔灌注桩基础分项的相关施工质量验收表格。

📖 学生分组讨论,然后独立完成无筋扩展基础分项、钢筋混凝土扩展基础分项、干作业成孔灌注桩基础分项的相关施工质量验收表格的填写。

1.无筋扩展基础分项

(1)无筋扩展基础分项工程质量验收记录

无筋扩展基础分项工程质量验收记录在分项工程所含检验批验收完毕后进行。

无筋扩展基础分项工程质量验收记录

桂建质(分项A类)

单位(子单位)工程名称			分部(子分部)工程名称		
检验批数量			分项工程专业质量检查员		
施工单位			项目负责人		项目技术负责人
分包单位			分包单位项目负责人		分包内容

序号	检验批名称	检验批容量	部位/区段	施工单位检查结果	监理(建设)单位验收意见
1					
2					
3					
4					

5

续表

序号	检验批名称	检验批容量	部位/区段	施工单位 检查结果	监理(建设)单位 验收意见
5					
6					
7					
8					
9					
10					
11					
12					

说明:		
施工单位 检查结果		项目专业技术负责人: 年　月　日
监理(建设)单位 验收结论		专业监理工程师: (建设单位项目专业技术负责人): 年　月　日

注:本表(分项 A 类)适用于不涉及全高垂直度检查、无特殊要求的分项工程。混凝土现浇结构、混凝土装配结构、砖砌体、混凝土小型空心砌块砌体、石砌体分项工程质量验收记录使用分项 B 类表格。

【填写说明】
①分项工程由专业监理工程师组织施工单位项目专业技术负责人等参与验收。
②分项工程质量合格必须满足两个条件:
a.分项工程所含检验批的质量均应验收合格;
b.分项工程所含检验批的质量验收记录应完整。

（2）砖砌体工程检验批质量验收记录

砖砌体工程检验批质量验收记录

GB 50203—2011　　　　　　　　　　　　　　　　　桂建质 010201（Ⅰ）| 0 | 0 | 1 |

单位（子单位）工程名称			分部（子分部）工程名称	地基与基础（基础）	分项工程名称	无筋扩展基础
施工单位			项目负责人		检验批容量	
分包单位			分包单位项目负责人		检验批部位	
施工依据		《砌体结构工程施工规范》GB 50924—2014		验收依据	《砌体结构工程施工质量验收规范》GB 50203—2011	

		验收项目		设计要求及规范规定	最小/实际抽样数量	检查记录	检查结果
主控项目	1	砖强度等级		设计强度 MU _____	/		
	2	砂浆强度等级		设计强度 M _____	/		
	3	灰缝砂浆饱满度	砖墙水平缝	≥80%	/		
			砖柱水平和竖向缝	≥90%	/		
	4	斜槎留置		在抗震设防烈度为8度及8度以上地区，临时间断处应砌成斜槎，普通砖砌体斜槎水平投影长度不应小于高度的2/3，多孔砖斜槎长高比不应小于1/2，斜槎高不得超过一步脚手架高度	/		
	5	转角、交接处		转角处和交接处应同时砌筑，严禁无可靠措施的内外墙分砌	/		
	6	直槎拉结钢筋	直槎做成凸槎（转角不得留直槎）				
			数量	每120 mm墙厚放置1φ6拉结钢筋，120 mm厚墙放置2φ6，沿墙高间距≤500 mm，竖向间距偏差≤100 mm	/		
			入墙要求	末端应有90°弯钩			
				非抗震设防　　　　≥500 mm			
				6、7度抗震设防　　≥1 000 mm			
一般项目	1	组砌方法		上、下错缝，内外搭砌，清水墙、窗间墙无通缝，每间混水墙通缝长度在200～300 mm的不超过3处，且不在同一面墙上，砖柱不得采用包心砌法	/		

续表

一般项目	2	水平灰缝厚度		8～12 mm	/		
		竖向灰缝宽度		8～12 mm	/		
	3	轴线位移		10 mm	/		
	4	基础、墙、柱顶面标高		±15 mm	/		
	5	墙面垂直度	每层	5 mm	/		
			全高 ≤10 m	10 mm	/		
			全高 >10 m	20 mm	/		
	6	表面平整度	清水墙、柱	5 mm	/		
			混水墙、柱	8 mm	/		
	7	水平灰缝平直度	清水墙	7 mm	/		
			混水墙	10 mm	/		
	8	门窗洞口高、宽(后塞口)		±10 mm	/		
	9	外墙上下窗口偏移		20 mm	/		
	10	清水墙游丁走缝		20 mm	/		

施工单位检查结果	专业工长： 项目专业质量检查员： 年 月 日	监理(建设)单位验收结论	专业监理工程师： (建设单位项目专业技术负责人)： 年 月 日

注:本表各项的检查方法、检查数量以及部分条文的合格标准见下面附表。

砖砌体工程检验批质量验收记录

GB 50203—2011

桂建质 010201 附表

		检查项目	检查数量	检查方法	合格标准
主控项目	1	砖强度等级	同一生产厂家,烧结普通砖、混凝土实心砖每15万块,烧结多孔砖、混凝土多孔砖、蒸压灰砂砖及蒸压粉煤灰砖每10万块各为一验收批,不足上述数量时按1批计,抽检1组	查砖和砂浆试块试验报告	

续表

	检查项目		检查数量	检查方法	合格标准
主控项目	2	砂浆强度等级	每一检验批且不超过250 m³砌体的各类、各强度等级的普通砌筑砂浆,每台搅拌机至少抽检1次。验收批的预拌砂浆、蒸压加气混凝土砌块专用砂浆,抽检可为3组	查砂浆试块试验报告	
	3	灰缝要求	每检验批抽查不应少于5处	用百格网检查砖底面与砂浆黏结痕迹面积,每处检测3块砖,取其平均值	砖墙水平灰缝砂浆饱满度不低于80%,砖柱水平和竖向灰缝饱满度均不低于90%
	4	斜槎留置	每检验批抽查不应少于5处	观察检查	留槎正确,拉结钢筋留置数量、直径正确,竖向间距偏差不超过100 mm,留置长度基本符合规定
	5	直槎拉结钢筋		观察和尺量检查	
一般项目	1	组砌方法	每检验批抽查不少于5处	观察检查,组砌方法抽检每处3~5 m	
	2	水平灰缝厚度	每检验批抽查不少于5处	用尺量10皮砌体高度折算	灰缝横平、竖直,厚薄均匀,水平和竖向缝厚度t=10 mm(允许偏差8 mm≤t≤12 mm)
		竖向灰缝厚度	每检验批抽查不少于5处	用尺量2 m砌体长度折算	
	3	轴线偏移	承重墙、柱全数检查	用经纬仪和尺或用其他测量仪器检查	
		基础、墙、柱顶面标高	不应少于5处	用水准仪和尺检查	
		墙面垂直度　每层	不应少于5处	用2 m托线板检查	
		墙面垂直度　全高	外墙全部阳角	用经纬仪、吊线和尺或用其他测量仪器检查	
		表面平整度	不应少于5处	用2 m靠尺和楔形塞尺检查	
		水平灰缝平直度	不应少于5处	拉5 m线和用尺检查	
		门窗洞口高、宽(后塞口)	不应少于5处	用尺检查	
		外墙上下窗口偏移	不应少于5处	以底层窗口为准,用经纬仪或吊线检查	
		清水墙游丁走缝	不应少于5处	以每层第一皮砖为准,用吊线和尺检查	

注:检验批质量合格的判定标准:
　　1.主控项目的质量经检验全部合格。
　　2.一般项目的合格点率达到80%及以上或偏差值在允许偏差范围以内。

【填写说明】

依据《砌体结构工程施工质量验收规范》GB 50203—2011 进行填写。

● 主控项目

①砖和砂浆的强度等级必须符合设计要求。

抽检数量：每一生产厂家，烧结普通砖、混凝土实心砖每 15 万块，烧结多孔砖、混凝土多孔砖、蒸压灰砂砖及蒸压粉煤灰砖每 10 万块各为一验收批，不足上述数量时按 1 批计，抽检数量为 1 组。砂浆试块的抽检数量执行《砌体结构工程施工质量验收规范》GB 50203—2011 第 4.0.12 条的有关规定。

检验方法：查砖和砂浆试块试验报告。

②砌体灰缝砂浆应密实饱满，砖墙水平灰缝的砂浆饱满度不得低于 80%；砖柱水平灰缝和竖向灰缝饱满度不得低于 90%。

抽检数量：每检验批抽查不应少于 5 处。

检验方法：用百格网检查砖底面与砂浆的黏结痕迹面积，每处检测 3 块砖，取其平均值。

③砖砌体的转角处和交接处应同时砌筑，严禁无可靠措施的内外墙分砌施工。在抗震设防烈度为 8 度及 8 度以上地区，对不能同时砌筑而又必须留置的临时间断处应砌成斜槎，普通砖砌体斜槎水平投影长度不应小于高度的 2/3，多孔砖砌体的斜槎长高比不应小于 1/2。斜槎高度不得超过一步脚手架的高度。

抽检数量：每检验批抽查不应少于 5 处。

检验方法：观察检查。

④非抗震设防及抗震设防烈度为 6 度、7 度地区的临时间断处，当不能留斜槎时，除转角处外，可留直槎，但直槎必须做成凸槎，且应加设拉结钢筋，拉结钢筋应符合下列规定：

a. 每 120 mm 墙厚放置 1 φ6 拉结钢筋（120 mm 厚墙应放置 2 φ6 拉结钢筋）；

b. 间距沿墙高不应超过 500 mm，且竖向间距偏差不应超过 100 mm；

c. 埋入长度从留槎处算起每边均不应小于 500 mm，对抗震设防烈度为 6 度、7 度的地区，不应小于 1 000 mm；

d. 末端应有 90°弯钩。

抽检数量：每检验批抽查不应少于 5 处。

检验方法：观察和尺量检查。

● 一般项目

①砖砌体组砌方法应正确，内外搭砌，上、下错缝。清水墙、窗间墙无通缝；混水墙中不得有长度大于 300 mm 的通缝，长度 200～300 mm 的通缝每间不超过 3 处，且不得位于同一面墙体上。砖柱不得采用包心砌法。

抽检数量：每检验批抽查不应少于 5 处。

检验方法：观察检查。砌体组砌方法抽检每处应为 3～5 m。

②砖砌体的灰缝应横平竖直，厚薄均匀，水平灰缝厚度及竖向灰缝宽度宜为 10 mm，但不应小于 8 mm，也不应大于 12 mm。

抽检数量：每检验批抽查不应少于 5 处。

检验方法：水平灰缝厚度用尺量 10 皮砖砌体高度折算；竖向灰缝宽度用尺量 2m 砌体长度折算。

③砖砌体尺寸、位置的允许偏差及检验应符合相关规定。

2. 钢筋混凝土扩展基础分项

钢筋混凝土扩展基础分项工程质量验收记录在分项工程所含检验批验收完毕后进行。

钢筋混凝土扩展基础分项工程质量验收记录

桂建质(分项 A 类)

单位(子单位) 工程名称			分部(子分部) 工程名称				
检验批数量			分项工程专业 质量检查员				
施工单位			项目负责人			项目技术 负责人	
分包单位			分包单位 项目负责人			分包内容	

序号	检验批名称	检验批容量	部位/区段	施工单位检查结果	监理(建设)单位 验收意见
1					
2					
3					
4					
5					
6					
7					
8					
9					
10					
11					
12					

说明:

施工单位 检查结果	项目专业技术负责人: 年 月 日
监理(建设)单位 验收结论	专业监理工程师: (建设单位项目专业技术负责人): 年 月 日

注:本表(分项 A 类)适用于不涉及全高垂直度检查、无特殊要求的分项工程。混凝土现浇结构、混凝土装配结构、砖砌体、混凝土小型空心砌块砌体、石砌体分项工程质量验收记录使用分项 B 类表格。

1）承台、基础梁施工过程中检验批质量验收记录

教师引导，学生分组讨论并要求每人都要填写以下各种表格。

（1）承台、基础梁现浇结构模板安装检验批质量验收记录

现浇结构模板安装检验批质量验收记录

GB 50204—2015 　　　　　　　　　　　　　　　桂建质 010202（Ⅰ）□0□□0□1□（一）

单位（子单位）工程名称			分部（子分部）工程名称	地基与基础（基础）	分项工程名称	钢筋混凝土扩展基础
施工单位			项目负责人		检验批容量	
分包单位			分包单位项目负责人		检验批部位	
施工依据			《混凝土结构工程施工规范》GB 50666—2011	验收依据	《混凝土结构工程施工质量验收规范》GB 50204—2015	

	验收项目		设计要求及规范规定		样本总数	最小/实际抽样数量	检查记录	检查结果
主控项目	1	模板材料质量	模板及支架用材料的技术指标应符合国家现行有关标准的规定。进场时应抽样检验模板和支架材料的外观、规格和尺寸	检查质量证明文件；观察、尺量	按国家现行有关标准的规定确定	/		
	2	模板安装质量	现浇混凝土结构模板及支架的安装质量，应符合国家现行有关标准的规定和施工方案的要求	按国家现行有关标准的规定确定、执行		/		
	3	模板及支架设置	后浇带处的模板及支架应独立设置	观察	全数检查	/		
	4	模板安装要求	土层应坚实、平整，其承载力或密实度应符合施工方案的要求	观察；检查土层密实度检测报告、土层承载力验算或现场检测报告	全数检查	/		
			应有防水、排水措施；对冻胀性土，应有预防冻融措施			/		
			支架竖杆下应有底座或垫板			/		
一般项目	1	模板安装	模板的接缝应严密	观察	全数检查	/		
			模板内不应有杂物、积水或冰雪等			/		

续表

	验收项目		设计要求及规范规定	样本总数	最小/实际抽样数量	检查记录	检查结果
一般项目	1	模板安装	模板与混凝土的接触面应平整、清洁	观察	全数检查	/	
			用作模板的地坪、胎膜等应平整、清洁,不应有影响构件质量的下沉、裂缝、起砂或起鼓			/	
			对清水混凝土及装饰混凝土构件,应使用能达到设计效果的模板			/	

现浇结构模板安装检验批质量验收记录

GB 50204—2015　　　　　　　　　　　　　　　　　桂建质 010202(I) [0][0][1](二)

	验收项目		设计要求及规范规定		样本总数	最小/实际抽样数量	检查记录	检查结果
一般项目	2	隔离剂的质量	隔离剂的品种和涂刷方法应符合施工方案的要求。隔离剂不得影响结构性能及装饰施工;不能沾污钢筋、预应力筋、预埋件和混凝土接槎处;不得对环境造成污染	检查质量证明文件;观察	全数检查		/	
	3	模板起拱高度	模板的起拱应符合现行国家标准《混凝土结构工程施工规范》GB 50666 的规定,并应符合设计及施工方案的要求	按国家现行有关标准的规定确定、执行	在同一检验批内,对梁,跨度大于 18 m 时应全数检查,跨度不大于 18 m 时应抽查构件数量的10%且不少于3件;对板,应按有代表性的自然间抽查10%,且应不少于3间;对大空间结构,板可按纵横轴线划分检查面,抽查10%,且均不少于3面		/	
	4	支模、支架要求	现浇混凝土结构多层连续支模应符合施工方案的规定。上下层模板支架的竖杆宜对准。竖杆下垫板的设置应符合施工方案的要求	观察	全数检查		/	

续表

验收项目		设计要求及规范规定		样本总数	最小/实际抽样数量	检查记录	检查结果
一般项目	5 预埋件和预留孔洞	固定在模板上的预埋件和预留孔洞不得遗漏,且应安装牢固。有抗渗要求的混凝土结构中的预埋件,应按设计及施工方案的要求采取防渗措施。预埋件和预留孔洞的位置应满足设计和施工方案的要求。当设计无具体要求时,其位置偏差应符合现行国家标准《混凝土结构工程施工质量验收规范》GB 50204 中表4.2.9 的规定	观察,尺量	在同一检验批内,对梁、柱和独立基础,应抽查10%且不少于3件;对墙和板,应按有代表性的自然间抽查10%,且应不少于3间;对大空间结构,墙可按相邻轴线高度5 m 左右划分检查面;板可按纵横轴线划分检查面,抽查10%,且均不少于3面	/		

现浇结构模板安装检验批质量验收记录

GB 50204—2015   桂建质010202(I) ☐0☐0☐1 (三)

验收项目			设计要求及规范规定		样本总数	最小/实际抽样数量	检查记录	检查结果
一般项目 6	预埋件预留孔洞的安装允许偏差(mm)	预埋钢板中心线位置	3	尺量	在同一检验批内,对梁、柱和独立基础,应抽查10%且不少于3件;对墙和板,应按有代表性的自然间抽查10%,且应不少于3间;对大空间结构,墙可按相邻轴线高度5 m 左右划分检查面,板可按纵横轴线划分检查面,抽查10%,且均不少于3面	/		
		预埋管、预留孔中心线位置	3			/		
		插筋 中心线位置	5			/		
		插筋 外露长度	+10,0			/		
		预埋螺栓 中心线位置	2			/		
		预埋螺栓 外露长度	+10,0			/		
		预留洞 中心线位置	10			/		
		预留洞 尺寸	+10,0			/		

续表

验收项目			设计要求及规范规定			样本总数	最小/实际抽样数量	检查记录	检查结果
一般项目	7	现浇结构模板安装的允许偏差（mm）	轴线位置	5	尺量	在同一检验批内,对梁、柱和独立基础,应抽查 10% 且不少于 3 件;对墙和板,应按有代表性的自然间抽查 10%,且应不少于 3 间;对大空间结构,墙可按相邻轴线高度 5 m 左右划分检查面,板可按纵横轴线划分检查面,抽查 10%,且均不少于 3 面		/		
			底模上表面标高	±5	水准仪或拉线、尺量			/		
			模板内部尺寸 基础	±10	尺量			/		
			模板内部尺寸 柱、墙、梁	±5	尺量			/		
			模板内部尺寸 楼梯相邻踏步高差	5	尺量			/		
			柱、墙垂直度 ≤6 m	8	经纬仪或吊线、尺量			/		
			柱、墙垂直度 >6 m	10	经纬仪或吊线、尺量			/		
			相邻模板表面高低差	2	尺量			/		
			表面平整度	5	2 m 靠尺和塞尺量测			/		

施工单位检查结果	专业工长： 项目专业质量检查员：　　　　　　　　　　　　　　　　年　月　日
监理（建设）单位验收结论	专业监理工程师： （建设单位项目专业技术负责人）：　　　　　　　　　年　月　日

【填写说明】

依据《混凝土结构工程施工质量验收规范》GB 50204—2015 填写。

● 主控项目

①模板及支架用材料的技术指标应符合国家现行相关标准的规定。进场时应抽样检验模板和支架材料的外观、规格和尺寸。

检查数量:按国家现行相关标准的规定确定。

检验方法:检查质量证明文件;观察,尺量。

②现浇混凝土结构模板及支架的安装质量,应符合国家现行相关标准的规定和施工方案的要求。

检查数量:按国家现行相关标准的规定确定。

15

检验方法:按国家现行相关标准的规定执行。

③后浇带处的模板及支架应独立设置。

检查数量:全数检查。

检验方法:观察。

④支架竖杆和竖向模板安装在土层上时,应符合下列规定:

a. 土层应坚实、平整,其承载力或密实度应符合施工方案的要求。

b. 应有防水、排水措施;对冻胀性土,应有预防冻融措施。

c. 支架竖杆下应有底座或垫板。

检查数量:全数检查。

检验方法:观察;检查土层密实度检测报告、土层承载力验算或现场检测报告。

● 一般项目

①模板安装质量应符合下列规定:

a. 模板的接缝应严密;

b. 模板内不应有杂物、积水或冰雪等;

c. 模板与混凝土的接触面应平整、清洁;

d. 用作模板的地坪、胎膜等应平整、清洁,不应有影响构件质量的下沉、裂缝、起砂或起鼓;

e. 对清水混凝土及装饰混凝土构件,应使用能达到设计效果的模板。

检查数量:全数检查。

检验方法:观察。

②隔离剂的品种和涂刷方法应符合施工方案的要求。隔离剂不得影响结构性能及装饰施工;不得沾污钢筋、预应力筋、预埋件和混凝土接槎处;不得对环境造成污染。

检查数量:全数检查。

检验方法:检查质量证明文件;观察。

③模板的起拱应符合现行国家标准《混凝土结构工程施工规范》GB 50666 的规定,并应符合设计及施工方案的要求。

检查数量:在同一检验批内,对梁,跨度大于 18 m 时应全数检查,跨度不大于 18 m 时应抽查构件数量的 10% ,且不应少于 3 件;对板,应按有代表性的自然间抽查 10% ,且不应少于 3间;对大空间结构,板可按纵、横轴线划分检查面,抽查 10% ,且不应少于 3 面。

检验方法:水准仪或尺量。

④现浇混凝土结构多层连续支模应符合施工方案的规定。上下层模板支架的竖杆宜对准。竖杆下垫板的设置应符合施工方案的要求。

检查数量:全数检查。

检验方法:观察。

⑤固定在模板上的预埋件和预留孔洞不得遗漏,且应安装牢固。有抗渗要求的混凝土结构中的预埋件,应按设计及施工方案的要求采取防渗措施。

检查教量:在同一检验批内,对梁、柱和独立基础,应抽查构件数量的 10% ,且不应少于 3件;对墙和板,应按有代表性的自然间抽查 10% ,且不应少于 3 间;对大空间结构,墙可按相邻轴线间高度 5 m 左右划分检查面,板可按纵、横轴线划分检查面,抽查 10% ,且均不应少于3 面。

检验方法:观察,尺量。

（2）承台、基础梁钢筋原材料检验批质量验收记录

钢筋原材料检验批质量验收记录

GB 50204—2015　　　　　　　　　　　　　　　　桂建质 010202（Ⅲ）| 0 | 0 | 1 |

单位（子单位）工程名称			分部（子分部）工程名称	地基与基础（基础）	分项工程名称	钢筋混凝土扩展基础
施工单位			项目负责人		检验批容量	
分包单位			分包单位项目负责人		检验批部位	
施工依据			《混凝土结构工程施工规范》GB 50666—2011	验收依据	《混凝土结构工程施工质量验收规范》GB 50204—2015	

		验收项目	设计要求及规范规定		样本总数	最小/实际抽样数量	检查记录	检查结果
主控项目	1	钢筋质量	屈服强度、抗拉强度、伸长率、弯曲性能和重量偏差的检验结果应符合有关标准规定	检查质量证明文件和抽样检验报告；按进场批次和产品的抽样检验方案确定		/		
	2	成型钢筋质量	屈服强度、抗拉强度、伸长率、弯曲性能和重量偏差的检验结果应符合有关标准规定	检查质量证明文件和抽样检验报告；同一厂家、同一类型、同一钢筋来源的成型钢筋，不超过 30 t 为一批，每批中每种钢筋牌号、规格均应至少抽取 1 个钢筋试件，总数不应少于 3 个		/		
	3	抗震用钢筋强度实测值	抗拉强度实测值与屈服强度实测值的比值不应小于1.25	检查抽样检验报告；按进场的批次和产品的抽样检验方案确定		/		
			屈服强度实测值与屈服强度标准值的比值不应大于1.30					
			最大力下总伸长率不应小于9%					
一般项目	1	钢筋外观质量	平直、无损伤，表面应无裂纹、无油污、无颗粒状或片状老锈	观察；全数检查		/		

续表

	验收项目		设计要求及规范规定	样本总数	最小/实际抽样数量	检查记录	检查结果
一般项目	2	成型钢筋外观质量和尺寸偏差	符合有关标准规定		观察，尺量；同一厂家、同一类型的成型钢筋，不超过30 t为一批，每批随机抽取3个成型钢筋	/	
	3	钢筋机械连接套筒、钢筋锚固板及预埋件等外观质量	符合有关标准规定		检查产品质量证明文件；观察，尺量；按国家现行有关标准的规定确定	/	
施工单位检查结果			专业工长： 项目专业质量检查员：				年 月 日
监理（建设）单位验收结论			专业监理工程师： （建设单位项目专业技术负责人）				年 月 日

【填写说明】

依据《混凝土结构工程施工质量验收规范》GB 50204—2015 填写。

• 主控项目

①钢筋进场时，应按国家现行标准的规定抽取试件作屈服强度、抗拉强度、伸长率、弯曲性能和重量偏差检验，检验结果应符合相关标准的规定。

检验数量：按进场批次和产品的抽样检验方案确定。

检验方法：检查质量证明文件和抽样检验报告。

②成型钢筋进场时，应抽取试件作屈服强度、抗拉强度、伸长率和重量偏差检验，检验结果应符合国家现行相关标准的规定。

对由热轧钢筋制成的成型钢筋，当有施工单位或监理单位的代表驻厂监督生产过程，并提供原材钢筋力学性能第三方检验报告时，可仅进行重量偏差检验。

检查数量：同一厂家、同一类型、同一钢筋来源的成型钢筋，不超过30 t为一批，每批中每种钢筋牌号、规格均应至少抽取1个钢筋试件，总数不应少于3个。

检验方法：检查质量证明文件和抽样检验报告。

③对按一、二、三级抗震等级设计的框架和斜撑构件（含梯段）中的纵向受力普通钢筋应采用 HRB400E、HRB500E、HRBF400E 或 HRBF500E 钢筋，其强度和最大力下总伸长率的实测值应符合下列规定：

a.抗拉强度实测值与屈服强度实测值的比值不应小于1.25；

b.屈服强度实测值与屈服强度标准值的比值不应大于1.30；

c.最大力下总伸长率不应小于9%。

检查数量:按进场的批次和产品的抽样检验方案确定。

检验方法:检查抽样检验报告。

●一般项目

①钢筋应平直、无损伤,表面不得有裂纹、油污、颗粒状或片状老锈。

检查数量:全数检查。

检验方法:观察。

②成型钢筋的外观质量和尺寸偏差应符合国家现行相关标准的规定。

检查数量:同一厂家、同一类型的成型钢筋,不超过30 t为一批,每批随机抽取3个成型钢筋试件。

检查方法:观察,尺量。

③钢筋机械连接套筒、钢筋锚固板以及预埋件等的外观质量应符合国家现行相关标准的规定。

检查数量:按国家现行相关标准的规定确定。

检验方法:检查产品质量证明文件;观察,尺量。

(3)承台、基础梁钢筋加工检验批质量验收记录

钢筋加工检验批质量验收记录

GB 50204—2015　　　　　　　　　　　　　　　　桂建质 010202(Ⅳ) ⎡0⎤⎡0⎤⎡1⎤(一)

单位(子单位)工程名称			分部(子分部)工程名称	地基与基础(基础)	分项工程名称	钢筋混凝土扩展基础
施工单位			项目负责人		检验批容量	
分包单位			分包单位项目负责人		检验批部位	
施工依据			《混凝土结构工程施工规范》GB 50666—2011	验收依据	《混凝土结构工程施工质量验收规范》GB 50204—2015	

	验收项目		设计要求及规范规定	样本总数	最小/实际抽样数量	检查记录	检查结果
主控项目	1	钢筋弯弧内直径	光圆钢筋,不应小于钢筋直径的2.5倍	同一设备加工的同一类型钢筋,每工作班抽查不应少于3件	/		
			400 MPa级带肋钢筋,不应小于钢筋直径的4倍		/		
			500 MPa级带肋钢筋,当直径为28 mm以下时不应小于钢筋直径的6倍,当直径为28 mm及以上时不应小于钢筋直径的7倍		/		
			箍筋弯折处尚不应小于纵向受力钢筋的直径		/		

（主控项目行左侧"尺量"为检验方法列）

续表

验收项目		设计要求及规范规定		样本总数	最小/实际抽样数量	检查记录	检查结果
主控项目	2 钢筋的弯折	纵向受力钢筋的弯折后平直段长度应符合设计要求。光圆钢筋末端做180°弯钩时,弯钩的平直段长度不应小于钢筋直径的3倍	尺量		同一设备加工的同一类型钢筋,每工作班抽查不应少于3件	/	
	3 弯钩要求	对一般结构构件,箍筋弯钩弯折角度不应小于90°,弯折后平直段长度不应小于箍筋直径的5倍;对有抗震设防要求或设计有专门要求的结构构件,箍筋弯钩的弯折角度不应小于135°,弯折后平直段长度不应小于箍筋直径的10倍	尺量		同一设备加工的同一类型钢筋,每工作班抽查不应少于3件	/	

钢筋加工检验批质量验收记录

GB 50204—2015   桂建质 010202(Ⅳ) 0 0 1 (二)

验收项目		设计要求及规范规定		样本总数	最小/实际抽样数量	检查记录	检查结果
主控项目	3 弯钩要求	圆形箍筋的搭接长度不应小于其受拉锚固长度,且两末端弯钩弯折角度不应小于135°,弯折后平直段长度对一般结构构件不应小于箍筋直径的5倍;对有抗震设防要求的结构构件,不应小于箍筋直径的10倍	尺量		同一设备加工的同一类型钢筋,每工作班抽查不应少于3件	/	
		梁、柱复合箍筋中的单肢箍筋两端弯钩的弯折角度均不应小于135°,弯折后平直段长度应符合本条第1款对箍筋的有关规定				/	

续表

		验收项目	设计要求及规范规定			样本总数	最小/实际抽样数量	检查记录	检查结果
主控项目	4	调直钢筋的力学性能和重量偏差	盘卷钢筋调直后应进行力学性能和重量偏差检验,其强度应符合国家现行有关标准的规定;其断后伸长率、重量偏差应符合现行国家标准《混凝土结构工程施工质量验收规范》GB50204 表 5.3.4 的规定		尺量		同一设备加工的同一牌号、同一规格的调直钢筋,重量不大于30 t 为一批;每批见证抽取 3 个试件	/	
一般项目	1	钢筋加工偏差	受力钢筋沿长度方向的净尺寸	±10 mm	尺量		同一设备加工的同一类型钢筋,每工作班抽查不应少于 3 件	/	
			弯起钢筋的弯折位置	±20 mm				/	
			箍筋外廓尺寸	±5 mm				/	

施工单位检查结果	专业工长: 项目专业质量检查员: 年 月 日
监理(建设)单位验收结论	专业监理工程师: (建设单位项目专业技术负责人): 年 月 日

【填写说明】

依据《混凝土结构工程施工质量验收规范》GB 50204—2015 进行填写。

● 主控项目

①钢筋弯折的弯弧内直径应符合下列规定:

a. 光圆钢筋,不应小于钢筋直径的 2.5 倍;

b. 400 MPa 级带肋钢筋,不应小于钢筋直径的 4 倍;

c. 500 MPa 级带肋钢筋,当直径为 28 mm 以下时不应小于钢筋直径的 6 倍,当直径为 28 mm 及以上时不应小于钢筋直径的 7 倍。

d. 箍筋弯折处尚不应小于纵向受力钢筋的直径。

检查数量:按每工作班同一类型钢筋、同一加工设备抽查不应少于 3 件。

检验方法:尺量。

②纵向受力钢筋的弯折后平直段长度应符合设计要求。光圆钢筋末端做 180°弯钩时,弯

钩的平直段长度不应小于钢筋直径的 3 倍。

检查数量：按每工作班同一类型钢筋、同一加工设备抽查不应少于 3 件。

检验方法：尺量。

③箍筋、拉筋的末端应按设计要求做弯钩，并应符合下列规定：

a. 对一般结构构件，箍筋弯钩的弯折角度不应小于 90°，弯折后平直段长度不应小于箍筋直径的 5 倍；对有抗震设防要求或设计有专门要求的结构构件，箍筋弯钩的弯折角度不应小于 135°，弯折后平直段长度不应小于箍筋直径的 10 倍。

b. 圆形箍筋的搭接长度不应小于其受拉锚固长度，且两末端弯钩的弯折角度不应小于 135°，弯折后平直段长度对一般结构构件不应小于箍筋直径的 5 倍，对有抗震设防要求的结构构件不应小于箍筋直径的 10 倍。

c. 梁、柱复合箍筋中的单肢箍筋两端弯钩的弯折角度均不应小于 135°，弯折后平直段长度应符合本条第 1 款对箍筋的有关规定。

检查数量：按每工作班同一类型钢筋、同一加工设备抽查不应少于 3 件。

检验方法：尺量。

④盘卷钢筋调直后应进行力学性能和重量偏差检验，其强度应符合国家现行有关标准的规定，其断后伸长率、重量偏差应符合表 1-4（注：规范为表 5.3.4）的规定。力学性能和重量偏差应符合下列规定：

表 1-4　盘卷钢筋调直后的断后伸长率、重量偏差要求

钢筋牌号	断后伸长率 A（%）	重量偏差（%）	
		直径 6 ~ 12 mm	直径 14 ~ 16 mm
HPB300	≥21	≥ −10	—
HRB400，HRBF400	≥15	≥ −8	≥ −6
RRB400	≥13		
HRB500，HRBF500	≥14		

注：断后伸长率 A 的量测标距为 5 倍钢筋直径。

a. 应对 3 个试件先进行重量偏差检验，再取其中 2 个试件进行力学性能检验。

b. 重量偏差应按下式计算：

$$\Delta = \frac{W_\mathrm{d} - W_0}{W_0} \times 100$$

式中　Δ——重量偏差，%；

　　　W_d——3 个调直钢筋试件的实际重量之和，kg；

　　　W_0——钢筋理论重量（kg），取每米理论重量（kg/m）与 3 个调直钢筋试件长度之和（m）的乘积。

c. 检验重量偏差时，试件切口应平滑并与长度方向垂直，其长度不应小于 500 mm；长度和重量的量测精度分别不应低于 1 mm 和 1 g。

采用无延伸功能的机械设备调直的钢筋，可不进行本条规定的检验。

检查数量:同一加工设备、同一牌号、同一规格的调直钢筋,重量不大于 30 t 为一批,每批见证抽取 3 个试件。

检验方法:检查抽样检验报告。

● 一般项目

钢筋加工的形状、尺寸应符合设计要求,其偏差应符合表 1-5(注:规范为表 5.3.5)的规定。

检查数量:按每工作班同一类型钢筋、同一加工设备抽查不应少于 3 件。

检验方法:尺量。

表 1-5　钢筋加工的允许偏差

项目	允许偏差(mm)
受力钢筋沿长度方向的净尺寸	±10
弯起钢筋的弯折位置	±20
箍筋外廓尺寸	±5

(4)承台、基础梁钢筋连接检验批质量验收记录

钢筋连接检验批质量验收记录

GB 50204—2015　　　　　　　　　　　　　桂建质 010202(Ⅴ) ⬚ 0 ⬚ 0 ⬚ 1 (一)

单位(子单位) 工程名称		分部(子分部) 工程名称	地基与基础 (基础)	分项工程名称	钢筋混凝土 扩展基础
施工单位		项目负责人		检验批容量	
分包单位		分包单位 项目负责人		检验批部位	
施工依据		《混凝土结构工程施工规范》 GB 50666—2011	验收依据	《混凝土结构工程施工质量验收规范》 GB 50204—2015	

	验收项目	设计要求及规范规定		样本总数	最小/实际抽样数量	检查记录	检查结果
主控项目	1 钢筋连接方式	钢筋连接方式应符合设计要求	观察	全数检查		/	
	2 机械连接接头、焊接接头的力学性能、弯曲性能	钢筋采用机械连接或焊接连接时,钢筋机械连接接头、焊接接头的力学性能、弯曲性能应符合国家现行相关标准的规定。接头试件应从工程实体中截取	检查质量证明文件和抽样检验报告	按现行行业标准《钢筋机械连接技术规程》JGJ 107 和《钢筋焊接及验收规程》JGJ 18 的规定确定		/	

续表

	验收项目		设计要求及规范规定		样本总数	最小/实际抽样数量	检查记录	检查结果
主控项目	3	螺纹接头直径	钢筋采用机械连接时,螺纹接头应检验拧紧扭矩值,挤压接头应量测压痕直径,检查结果应符合现行行业标准《钢筋机械连接技术规程》JGJ 107 的相关规定	采用专用扭力扳手或专用量规检查		按现行行业标准《钢筋机械连接技术规程》JGJ 107 的规定确定	/	
一般项目	1	钢筋接头的位置	钢筋接头的位置应符合设计和施工方案要求。有抗震设防的结构中,梁端、柱端箍筋加密区内不应进行钢筋搭接。接头末端至钢筋弯起点的距离不应小于钢筋直径的10倍	以观察、钢尺方法全数检查		/		
	2	钢筋机械连接接头、焊接接头的外观质量	钢筋机械连接接头、焊接接头的外观质量应符合现行行业标准《钢筋机械连接技术规程》JGJ 107 和《钢筋焊接及验收规程》JGJ 18 的规定	观察,尺量		按现行行业标准《钢筋机械连接技术规程》JGJ 107 和《钢筋焊接及验收规程》JGJ 18 的规定确定	/	

钢筋连接检验批质量验收记录

GB 50204—2015   桂建质 010202(Ⅴ) 　0　0　1 (二)

	验收项目		设计要求及规范规定		样本总数	最小/实际抽样数量	检查记录	检查结果
一般项目	3	机械连接时的接头面积百分率	当纵向受力钢筋采用机械连接接头时,同一连接区段内的纵向受力钢筋的接头面积百分率符合设计要求	观察,尺量		/		

续表

	验收项目		设计要求及规范规定		样本总数	最小/实际抽样数量	检查记录	检查结果
一般项目	3	机械连接时的接头面积百分率	设计无要求时,应符合:①受拉接头,不宜大于50%;受压接头,可不受限制。②直接承受动力荷载的结构构件中,不宜采用焊接;当采用机械连接时,不应超过50%	观察,尺量	同一检验批,梁、柱、独立基础,应抽查构件数量的10%,且不少于3件;墙、板,应按有代表性自然间抽查10%,且不少于3间;对大空间结构,墙可按相邻轴线高度5 m左右划分检查面,板可按纵、横轴线划分检查面,抽查10%,且均不少于3面	/		
	4	绑扎搭接时的接头设置	接头的横向净间距不应小于钢筋直径,且不应小于25 mm	观察,尺量	同一检验批,梁、柱、独立基础,应抽查构件数量的10%,且不少于3件;墙、板,应按有代表性自然间抽查10%,且不少于3间;对大空间结构,墙可按相邻轴线高度5 m左右划分检查面,板可按纵、横轴线划分检查面,抽查10%,且均不少于3面	/		
			同一连接区段内纵向受拉钢筋接头面积百分率应符合设计要求;当设计无具体要求时,应符合下列规定:①梁类、板类及墙类构件,不宜超过25%;基础筏板,不宜超过50%。②柱类构件,不宜超过50%。③当工程中确有必要增大接头面积百分率时,对梁类构件,不应大于50%			/		
	5	箍筋的设置	符合设计要求	观察,尺量	在同一检验批内,应抽查构件数量的10%,且不应少于3件	/		
			设计无要求时	箍筋直径不应小于搭接钢筋较大直径的1/4			/		

续表

		验收项目		设计要求及规范规定			样本总数	最小/实际抽样数量	检查记录	检查结果
一般项目	5	箍筋的设置	设计无要求时	受拉搭接区段的箍筋间距不应大于搭接钢筋较小直径的 5 倍，且不应大于 100 mm	观察，尺量	在同一检验批内，应抽查构件数量的 10%，且不应少于 3 件		/		
				受压搭接区段的箍筋间距不应大于搭接钢筋较小直径的 10 倍，且不应大于 200 mm				/		
				当柱中纵向受力钢筋直径大于 25 mm 时，应在搭接接头两个端面外 100 mm 范围内各设置二道箍筋，其间距宜为 50 mm				/		
	施工单位检查结果			专业工长： 项目专业质量检查员：					年　月　日	
	监理(建设)单位验收结论			专业监理工程师： (建设单位项目专业技术负责人)：					年　月　日	

【填写说明】

依据《混凝土结构工程施工质量验收规范》GB 50204—2015 填写。

●主控项目

①钢筋的连接方式应符合设计要求。

检查数量：全数检查。

检验方法：观察。

②钢筋采用机械连接或焊接连接时，钢筋机械连接接头、焊接接头的力学性能、弯曲性能应符合国家现行相关标准的规定。接头试件应从工程实体中截取。

检查数量：按现行行业标准《钢筋机械连接技术规程》JGJ 107 和《钢筋焊接及验收规程》JGJ 18 的规定确定。

检验方法：检查质量证明文件和抽样检验报告。

③钢筋采用机械连接时，螺纹接头应检验拧紧扭矩值，挤压接头应量测压痕直径，检验结果应符合现行行业标准《钢筋机械连接技术规程》JGJ 107 的相关规定。

检查数量：按现行行业标准《钢筋机械连接技术规程》JGJ 107 的规定确定。

检验方法：采用专用扭力扳手或专用量规检查。

●一般项目

①钢筋接头的位置应符合设计和施工方案要求。有抗震设防要求的结构中，梁端、柱端箍筋加密区范围内不应进行钢筋搭接。接头末端至钢筋弯起点距离不应小于钢筋直径的 10 倍。

检查数量：全数检查。

检验方法：观察，尺量。

②钢筋机械连接接头、焊接接头的外观质量应符合现行行业标准《钢筋机械连接技术规程》JGJ 107 和《钢筋焊接及验收规程》JGJ 18 的规定。

检查数量：按现行行业标准《钢筋机械连接技术规程》JGJ 107 和《钢筋焊接及验收规程》JGJ 18 的规定确定。

检验方法：观察，尺量。

③当纵向受力钢筋采用机械连接接头或焊接接头时，同一连接区段内纵向受力钢筋的接头面积百分率应符合设计要求；当设计无具体要求时，应符合下列规定：

a. 受拉接头，不宜大于 50%；受压接头，可不受限制。

b. 直接承受动力荷载的结构构件中，不宜采用焊接；当采用机械连接时，不应超过 50%。

检查数量：在同一检验批内，对梁、柱和独立基础，应抽查构件数量的 10%，且不应少于 3 件；对墙和板，应按有代表性的自然间抽查 10%，且不应少于 3 间；对大空间结构，墙可按相邻轴线间高度 5 m 左右划分检查面，板可按纵横轴线划分检查面，抽查 10%，且均不应少于 3 面。

检验方法：观察，尺量。

注：①接头连接区段是指长度为 $35d$ 且不小于 500 mm 的区段，d 为相互连接两根钢筋的直径较小值。

②同一连接区段内纵向受力钢筋接头面积百分率为接头中点位于该连接区段内的纵向受力钢筋截面面积与全部纵向受力钢筋截面面积的比值。

④当纵向受力钢筋采用绑扎搭接接头时，接头的设置应符合下列规定：

a. 接头的横向净间距不应小于钢筋直径，且不应小于 25 mm。

b. 同一连接区段内，纵向受拉钢筋的接头面积百分率应符合设计要求；当设计无具体要求时，应符合下列规定：

Ⅰ. 梁类、板类及墙类构件，不宜超过 25%；基础筏板，不宜超过 50%。

Ⅱ. 柱类构件，不宜超过 50%。

Ⅲ. 当工程中确有必要增大接头面积百分率时，对梁类构件，不应大于 50%。

检查数量：在同一检验批内，对梁、柱和独立基础，应抽查构件数量的 10%，且不应少于 3 件；对墙和板，应按有代表性的自然间抽查 10%，且不应少于 3 间；对大空间结构，墙可按相邻轴线间高度 5 m 左右划分检查面，板可按纵横轴线划分检查面，抽查 10%，且均不应少于 3 面。

检验方法：观察，尺量。

注：①接头连接区段是指长度为 1.3 倍搭接长度的区段。搭接长度取相互连接两根钢筋中较小直径计算。

②同一连接区段内纵向受力钢筋接头面积百分率为接头中点位于该连接区段长度内的纵向受力钢筋截面面积与全部纵向受力钢筋截面面积的比值。

⑤梁、柱类构件的纵向受力钢筋搭接长度范围内箍筋的设置应符合设计要求；当设计无具体要求时，应符合下列规定：

a. 箍筋直径不应小于搭接钢筋较大直径的 1/4；

b. 受拉搭接区段的箍筋间距不应大于搭接钢筋较小直径的 5 倍，且不应大于 100 mm；

c. 受压搭接区段的箍筋间距不应大于搭接钢筋较小直径的 10 倍，且不应大于 200 mm；

d. 当柱中纵向受力钢筋直径大于 25 mm 时，应在搭接接头两个端面外 100 mm 范围内各设置二道箍筋，其间距宜为 50 mm。

检查数量：在同一检验批内，应抽查构件数量的 10%，且不应少于 3 件。

检验方法：观察，尺量。

（5）承台、基础梁钢筋安装检验批质量验收记录

钢筋安装检验批质量验收记录

GB 50204—2015   桂建质 010202（Ⅵ） | 0 | 0 | 1 |

单位（子单位）工程名称		分部（子分部）工程名称	地基与基础（基础）	分项工程名称	钢筋混凝土扩展基础
施工单位		项目负责人		检验批容量	
分包单位		分包单位项目负责人		检验批部位	
施工依据		《混凝土结构工程施工规范》GB 50666—2011	验收依据	《混凝土结构工程施工质量验收规范》GB 50204—2015	

续表

		验收项目	设计要求及规范规定			样本总数	最小/实际抽样数量	检查记录	检查结果
主控项目	1	受力钢筋牌号、规格和数量	钢筋安装时,受力钢筋牌号、规格、数量必须符合设计要求	观察、尺量		全数检查	/		
	2	受力钢筋的安装位置、锚固方式	受力钢筋的安装位置、锚固方式应符合设计要求	观察、尺量		全数检查	/		
一般项目	1	钢筋安装位置允许偏差(mm)	绑扎钢筋网	长、宽	±10	尺量	同一检验批,梁、柱、独立基础,应抽查构件数量的10%,且不少于3件;墙、板,应按有代表性自然间抽查10%,且不少于3间;对大空间结构,墙可按相邻轴线高度5 m左右划分检查面,板可按纵、横轴线划分检查面,抽查10%,且均不少于3面	/		
				网眼尺寸	±20	尺量连续三档,取最大偏差值		/		
			绑扎钢筋骨架	长	±10	尺量		/		
				宽、高	±5			/		
			纵向受力钢筋	锚固长度	−20			/		
				间距	±10	尺量两端、中间各一点,取最大偏差值		/		
				排距	±5			/		
			纵向受力钢筋、箍筋的混凝土保护层厚度	基础	±10	尺量		/		
				柱、梁	±5			/		
				板、墙、壳	±3			/		
			绑扎箍筋、横向钢筋间距		±20	尺量连续三档,取最大偏差值		/		
			钢筋弯起点位置		20	尺量		/		
			预埋件	中心线位置	5			/		
				水平高差	+3,0	塞尺量测		/		

续表

施工单位 检查结果	专业工长： 项目专业质量检查员：		年 月 日
监理(建设)单位 验收结论	专业监理工程师： (建设单位项目专业技术负责人)：		年 月 日

【填写说明】

依据《混凝土结构工程施工质量验收规范》GB 50204—2015 填写。

● 主控项目

①钢筋安装时,受力钢筋的牌号、规格和数量必须符合设计要求。

检查数量:全数检查。

检验方法:观察,尺量。

②受力钢筋的安装位置、锚固方式应符合设计要求。

检查数量:全数检查。

检验方法:观察,尺量。

● 一般项目

钢筋安装允许偏差及检验方法应符合表1-6(注:规范为表5.5.3)的规定。梁板类构件上部受力钢筋保护层厚度的合格点率应达到90%及以上,且不得有超过表中数值1.5倍的尺寸偏差。

检查数量:在同一检验批内,对梁、柱和独立基础,应抽查构件数量的10%,且不应少于3件;对墙和板,应按有代表性的自然间抽查10%,且不应少于3间;对大空间结构,墙可按相邻轴线间高度5 m左右划分检查面,板可按纵、横轴线划分检查面,抽查10%,且均不应少于3面。

表 1-6 钢筋安装允许偏差及检验方法

项目		允许偏差(mm)	检验方法
绑扎钢筋网	长、宽	±10	尺量
	网眼尺寸	±20	尺量连续三档,取最大偏差值
绑扎钢筋骨架	长	±10	尺量
	宽、高	±5	尺量
纵向受力钢筋	锚固长度	−20	尺量
	间距	±10	尺量两端、中间各一点,取最大偏差值
	排距	±5	

续表

项目		允许偏差（mm）	检验方法
纵向受力钢筋、箍筋的混凝土保护层厚度	基础	±10	尺量
	柱、梁	±5	尺量
	板、墙、壳	±3	尺量
绑扎箍筋、横向钢筋间距		±20	尺量连续三档，取最大偏差值
钢筋弯起点位置		20	尺量，沿纵、横两个方向量测，并取其中偏差的较大值
预埋件	中心线位置	5	尺量
	水平高差	+3,0	塞尺量测

（6）承台、基础梁混凝土拌合物检验批质量验收记录

混凝土拌合物检验批质量验收记录

GB 50204—2015　　　　　　　　　　　　　　　　桂建质 010202（Ⅷ）　0　0　1　（一）

单位（子单位）工程名称			分部（子分部）工程名称	地基与基础（基础）	分项工程名称	钢筋混凝土扩展基础
施工单位			项目负责人		检验批容量	
分包单位			分包单位项目负责人		检验批部位	
施工依据		《混凝土结构工程施工规范》GB 50666—2011		验收依据	《混凝土结构工程施工质量验收规范》GB 50204—2015	

	验收项目		设计要求及规范规定		样本总数	最小/实际抽样数量	检查记录	检查结果
主控项目	1	预拌混凝土质量	预拌混凝土进场时，其质量应符合现行国家标准《预拌混凝土》GB/T 14902 的规定	检查质量证明文件	全数检查	/	
	2	混凝土拌合物	混凝土拌合物不应离析	观察	全数检查	/	
	3	混凝土碱含量	混凝土中氯离子含量和碱总含量应符合现行国家标准《混凝土结构设计规范》GB 50010 的规定和设计要求	检查原材料试验报告和氯离子、碱的总含量计算书	同一配合比的混凝土检查不少于一次		

续表

		验收项目	设计要求及规范规定		样本总数	最小/实际抽样数量	检查记录	检查结果
主控项目	4	混凝土配合比开盘鉴定	首次使用的混凝土配合比应进行开盘鉴定,其原材料、强度、凝结时间、稠度等应满足设计配合比的要求	检查开盘鉴定资料和强度试验报告	同一配合比的混凝土检查不少于一次		/	

混凝土拌合物检验批质量验收记录

GB 50204—2015   桂建质 010202(Ⅷ) [0][0][1] (二)

		验收项目	设计要求及规范规定		样本总数	最小/实际抽样数量	检查记录	检查结果
一般项目	1	混凝土拌合物稠度	混凝土拌合物稠度应满足施工方案的要求	检查质量证明文件和抽样检验报告		对同一配合比混凝土,取样与试件留置应符合下列规定:①每100盘且不超过100 m³时,取样不少于一次;②每工作班拌制不足100盘时,取样不得少于一次;③连续浇筑超过1 000 m³时,每200 m³取样不得少于一次;④每一楼层取样不得少于一次	/	
	2	混凝土耐久性检验	混凝土有耐久性指标要求时,应符合国家现行有关标准的规定和设计要求	检查试件耐久性试验报告		同一配合比的混凝土,取样不应少于一次,留置试件数量应符合国家现行标准《普通混凝土长期性能和耐久性能试验方法标准》GB/T 50082和《混凝土耐久性检验评定标准》JGJ/T 193的规定	/	

续表

	验收项目	设计要求及规范规定		样本总数	最小/实际抽样数量	检查记录	检查结果
一般项目	3 抗冻混凝土含气量检验	混凝土有抗冻要求时,应在施工现场进行混凝土含气量检验,其检验结果应符合国家现行有关标准的规定和设计要求	检查混凝土含气量试验报告	同一配合比的混凝土,取样不应少于一次,取样数量应符合现行国家标准《普通混凝土拌合物性能试验方法标准》GB/T 50080 的规定		/	
施工单位检查结果		专业工长: 项目专业质量检查员:					年　月　日
监理(建设)单位验收结论		专业监理工程师: (建设单位项目专业技术负责人):					年　月　日

【填写说明】

依据《混凝土结构工程施工质量验收规范》GB 50204—2015 填写。

● 主控项目

①预拌混凝土进场时,其质量应符合现行国家标准《预拌混凝土》GB/T 14902 的规定。

检查数量:全数检查。

检查方法:检查质量证明文件。

②混凝土拌合物不应离析。

检查数量:全数检查。

检查方法:观察。

③混凝土中氯离子含量和碱总含量应符合现行国家标准《混凝土结构设计规范》GB 50010 的规定和设计要求。

检查数量:同一配合比的混凝土检查不应少于一次。

检查方法:检查原材料试验报告和氯离子、碱的总含量计算书。

④首次使用的混凝土配合比应进行开盘鉴定,其原材料、强度、凝结时间、稠度等应满足设计配合比的要求。

检查数量:同一配合比的混凝土检查不应少于一次。

检验方法:检查开盘鉴定资料和强度试验报告。

● 一般项目

①混凝土拌合物稠度应满足施工方案的要求。

检查数量:对同一配合比混凝土,取样应符合下列规定:

a. 每拌制 100 盘且不超过 100 m^3 时,取样不得少于一次;

b. 每工作班拌制不足 100 盘时,取样不得少于一次;

c. 每次连续浇筑超过 1 000 m³ 时,每 200 m³ 取样不得少于一次;

d. 每一楼层取样不得少于一次。

检验方法:检查稠度抽样检验记录。

②混凝土有耐久性指标要求时,应在施工现场随机抽取试件进行耐久性检验,其检验结果应符合国家现行有关标准的规定和设计要求。

检查数量:同一配合比的混凝土,取样不应少于一次,留置试件数量应符合国家现行标准《普通混凝土长期性能和耐久性能试验方法标准》GB/T 50082 和《混凝土耐久性检验评定标准》JGJ/T 193 的规定。

检验方法:检查试件耐久性试验报告。

③混凝土有抗冻要求时,应在施工现场进行混凝土含气量检验,其检验结果应符合国家现行有关标准的规定和设计要求。

检查数量:同一配合比的混凝土,取样不应少于一次,取样数量应符合现行国家标准《普通混凝土拌合物性能试验方法标准》GB/T 50080 的规定。

检验方法:检查混凝土含气量检验报告。

(7)承台、基础梁混凝土施工检验批质量验收记录

混凝土施工检验批质量验收记录

GB 50204—2015   桂建质 010202(IX)| 0 | 0 | 1 |

单位(子单位)工程名称			分部(子分部)工程名称	地基与基础(基础)	分项工程名称	钢筋混凝土扩展基础
施工单位			项目负责人		检验批容量	
分包单位			分包单位项目负责人		检验批部位	
施工依据			《混凝土结构工程施工规范》GB 50666—2011	验收依据	《混凝土结构工程施工质量验收规范》GB 50204—2015	

	验收项目		设计要求及规范规定		样本总数	最小/实际抽样数量	检查记录	检查结果
主控项目	1	混凝土取样和留置	混凝土的强度等级必须符合设计要求。用于检验混凝土强度的试件应在浇筑地点随机抽取	检查施工记录及混凝土强度试验报告	对同一配合比混凝土,取样与试件留置应符合下列规定:①每 100 盘且不超过 100 m³ 的同配合比取样不少于一次;②每工作班的同配合比不足 100 盘取样不少于一次;③当一次连续浇筑超过 1 000 m³ 时,同一配合比每 200 m³ 取样不少于一次;④每一楼层、同一配合比取样不少于一次;⑤每次取样至少留置一组试件		/		

续表

验收项目		设计要求及规范规定			样本总数	最小/实际抽样数量	检查记录	检查结果
一般项目	1 后浇带的留设位置及处理方法	后浇带的留设位置应符合设计要求。后浇带和施工缝的留设及处理方法应符合施工方案要求	观察	全数检查		/		
	2 混凝土养护	养护时间以及养护方法应符合施工方案要求	观察，检查混凝土养护记录	全数检查		/		
施工单位检查结果	专业工长：项目专业质量检查员：							年　月　日
监理(建设)单位验收结论	专业监理工程师：(建设单位项目专业技术负责人)：							年　月　日

【填写说明】
依据《混凝土结构工程施工质量验收规范》GB 50204—2015 填写。

● 主控项目

混凝土的强度等级必须符合设计要求。用于检验混凝土强度的试件应在浇筑地点随机抽取。

检查数量:对同一配合比混凝土,取样与试件留置应符合下列规定:

a. 每拌制 100 盘且不超过 100 m³ 时,取样不得少于一次;

b. 每工作班拌制不足 100 盘时,取样不得少于一次;

c. 连续浇筑超过 1 000 m³ 时,每 200 m³ 取样不得少于一次;

d. 每一楼层取样不得少于一次;

e. 每次取样应至少留置一组试件。

检验方法:检查施工记录及混凝土强度试验报告。

● 一般项目

①后浇带的留设位置应符合设计要求。后浇带和施工缝的留设及处理方法应符合施工方案要求。

检查数量:全数检查。

检验方法:观察。

②混凝土浇筑完毕后应及时进行养护,养护时间以及养护方法应符合施工方案要求。

检查数量:全数检查。

检验方法:观察,检查混凝土养护记录。

(8)承台、基础梁现浇结构外观质量及尺寸偏差检验批质量验收记录

现浇结构外观质量及尺寸偏差检验批质量验收记录

GB 50204—2015

桂建质 010202(X) [0] [0] [1] (一)

单位(子单位)工程名称			分部(子分部)工程名称	地基与基础(基础)	分项工程名称	钢筋混凝土扩展基础
施工单位			项目负责人		检验批容量	
分包单位			分包单位项目负责人		检验批部位	
施工依据			《混凝土结构工程施工规范》GB 50666—2011	验收依据	《混凝土结构工程施工质量验收规范》GB 50204—2015	

	验收项目		设计要求及规范规定	样本总数	最小/实际抽样数量	检查记录	检查结果
主控项目	1	外观质量	现浇结构的外观质量不应有严重缺陷。对已经出现的严重缺陷,应由施工单位提出技术处理方案,并经监理单位认可后进行处理;对裂缝、连接部位出现严重缺陷及其他影响结构安全的严重缺陷,技术处理方案尚应经设计单位认可。对经处理的部位应重新验收	观察,检查处理记录	全数检查	/	
	2	现浇结构的尺寸偏差	现浇结构不应有影响结构性能或使用功能的尺寸偏差;混凝土设备基础不应有影响结构性能和设备安装的尺寸偏差 对超过尺寸允许偏差且影响结构性能和安装、使用功能的部位,应由施工单位提出技术处理方案,经监理、设计单位认可后进行处理。对经处理的部位应重新验收	量测,检查处理记录	全数检查	/	

	验收项目	设计要求及规范规定		样本总数	最小/实际抽样数量	检查记录	检查结果
一般项目	1 外观质量一般缺陷	现浇结构的外观质量不应有一般缺陷。对已经出现的一般缺陷，应由施工单位按技术处理方案进行处理。对经处理的部位应重新验收	观察，检查处理记录	全数检查	/		

现浇结构外观质量及尺寸偏差检验批质量验收记录

GB 50204—2015　　　　　　　　　　　　　　　桂建质 010202（X）[0][0][1]（二）

		验收项目		设计要求及规范规定		样本总数	最小/实际抽样数量	检查记录	检查结果
一般项目	2 现浇结构位置和尺寸允许偏差（mm）	轴线位置	整体基础	15	经纬仪及尺量			/	
			独立基础	10				/	
			柱、墙、梁	8	尺量			/	
		垂直度	柱、墙层高 ≤6 m	10	经纬仪或吊线、尺量			/	
			柱、墙层高 >6 m	12		按楼层、结构缝或施工段划分检验批。在同一检验批内，对梁、柱和独立基础，抽查构件数量的 10%，并不少于 3 件；对墙和板，按有代表性的自然间抽查 10%，并不少于 3 间；对大空间结构，墙按相邻轴线间高度 5 m 左右划分检查面，板按纵、横轴线划分检查面，抽查 10%，并均不少于 3 面；对电梯井，应全数检查		/	
			全高(H) ≤300 m	H/30 000 +20	经纬仪、尺量			/	
			全高(H) >300 m	H/10 000 且≤80				/	
		标高	层高	±10	水准仪或拉线、尺量			/	
			全高	±30				/	
		截面尺寸	基础	+15，-10				/	
			柱	+10，-5				/	
			梁	+10，-5				/	
			板	+10，-5				/	
			墙	+10，-5	尺量			/	
			楼梯相邻踏步高差	±6				/	
		电梯井	中心位置	10				/	
			长、宽尺寸	+25,0				/	

续表

	验收项目			设计要求及规范规定		样本总数	最小/实际抽样数量	检查记录	检查结果
一般项目	2 现浇结构位置和尺寸允许偏差(mm)	表面平整度	8	2 m 靠尺和塞尺量测			/		
		预埋件中心位置	预埋板	10	尺量			/		
			预埋螺栓	5				/		
			预埋管	5				/		
			其他	10				/		
		预留洞、孔中心线位置		15				/		

施工单位检查结果	专业工长: 项目专业质量检查员:　　　　　　　　　　　　　　年　月　日
监理(建设)单位验收结论	专业监理工程师: (建设单位项目专业技术负责人):　　　　　年　月　日

【填写说明】

依据《混凝土结构工程施工质量验收规范》GB 50204—2015 填写。

外观质量

● 主控项目

现浇结构的外观质量不应有严重缺陷。

对已经出现的严重缺陷,应由施工单位提出技术处理方案,并经监理单位认可后进行处理;对裂缝、连接部位出现的严重缺陷及其他影响结构安全的严重缺陷,技术处理方案尚应经设计单位认可。对经处理的部位应重新验收。

检查数量:全数检查。

检验方法:观察,检查处理记录。

● 一般项目

现浇结构的外观质量不应有一般缺陷。

对已经出现的一般缺陷,应由施工单位按技术处理方案进行处理。对经处理的部位应重新验收。

检查数量:全数检查。

检验方法:观察,检查处理记录。

位置和尺寸偏差

- 主控项目

现浇结构不应有影响结构性能或使用功能的尺寸偏差;混凝土设备基础不应有影响结构性能和设备安装的尺寸偏差。

对超过尺寸允许偏差且影响结构性能和安装、使用功能的部位,应由施工单位提出技术处理方案,经监理、设计单位认可后进行处理。对经处理的部位应重新验收。

检查数量:全数检查。

检验方法:量测,检查处理记录。

- 一般项目

现浇结构的位置、尺寸偏差及检验方法应符合表1-7(注:规范为表8.3.2)的规定。

检查数量:按楼层、结构缝或施工段划分检验批。在同一检验批内,对梁、柱和独立基础,应抽查构件数量的10%,且不应少于3件;对墙和板,应按有代表性的自然间抽查10%,且不应少于3间;对大空间结构,墙可按相邻轴线间高度5 m左右划分检查面,板可按纵、横轴线划分检查面,抽查10%,且均不应少于3面;对电梯井,应全数检查。

表1-7　现浇结构位置和尺寸允许偏差及检验方法

项目			允许偏差(mm)	检验方法
轴线位置	整体基础		15	经纬仪及尺量
	独立基础		10	经纬仪及尺量
	柱、墙、梁		8	尺量
垂直度	柱、墙层高	≤6 m	10	经纬仪或吊线、尺量
		>6 m	12	经纬仪或吊线、尺量
	全高(H)≤300 m		$H/30\,000+20$	经纬仪、尺量
	全高(H)>300 m		$H/10\,000$且≤80	经纬仪、尺量
标高	层高		±10	水准仪或拉线、尺量
	全高		±30	水准仪或拉线、尺量
截面尺寸	基础		+15,-10	尺量
	柱、梁、板、墙		+10,-5	尺量
	楼梯相邻踏步高差		±6	尺量
电梯井洞	中心位置		10	尺量
	长、宽尺寸		+25,0	尺量
表面平整度			8	2 m靠尺和塞尺量测

续表

项目		允许偏差（mm）	检验方法
预埋件 中心位置	预埋板	10	尺量
	预埋螺栓	5	尺量
	预埋管	5	尺量
	其他	10	尺量
预留洞、孔中心线位置		15	尺量

注：1.检查柱轴线、中心线位置时，沿纵、横两个方向测量，并取其中偏差的较大值。

2. H 为全高，单位为 mm。

2）柱基施工过程中检验批质量验收记录

要求学生参照承台、基础梁施工所需填写的质量验收资料，分组讨论，然后运用工程资料软件，在计算机上操作完成填写。

3）垫层施工过程中检验批质量验收记录

（1）垫层混凝土拌合物检验批质量验收记录

混凝土拌合物检验批质量验收记录

GB 50204—2015

桂建质 010202（Ⅷ） 0 0 2（一）

单位（子单位） 工程名称			分部（子分部） 工程名称	地基与基础 （基础）	分项工程 名称	钢筋混凝土 扩展基础
施工单位			项目负责人		检验批容量	
分包单位			分包单位 项目负责人		检验批部位	
施工依据			《混凝土结构工程施工规范》 GB 50666—2011	验收依据	《混凝土结构工程施工质量验收规范》 GB 50204—2015	

		验收项目	设计要求及规范规定		样本 总数	最小/实际 抽样数量	检查记录	检查 结果
主控项目	1	预拌 混凝土 质量	预拌混凝土进场时，其质量应符合现行国家标准《预拌混凝土》GB/T 14902的规定	检查质量证明文件	全数检查	/		
	2	混凝土 拌合物	混凝土拌合物不应离析	观察	全数检查	/		

续表

	验收项目	设计要求及规范规定		样本总数	最小/实际抽样数量	检查记录	检查结果
主控项目	3 混凝土碱含量	混凝土中氯离子含量和碱总含量应符合现行国家标准《混凝土结构设计规范》GB 50010的规定和设计要求	检查原材料试验报告和氯离子、碱的总含量计算书	同一配合比的混凝土检查不少于一次		/	
	4 混凝土配合比开盘鉴定	首次使用的混凝土配合比应进行开盘鉴定,其原材料、强度、凝结时间、稠度等应满足设计配合比的要求	检查开盘鉴定资料和强度试验报告	同一配合比的混凝土检查不少于一次		/	

混凝土拌合物检验批质量验收记录

GB 50204—2015　　　　　　　　　　桂建质 010202(Ⅷ) ☐0☐0☐2☐(二)

	验收项目	设计要求及规范规定		样本总数	最小/实际抽样数量	检查记录	检查结果
一般项目	1 混凝土拌合物稠度	混凝土拌合物稠度应满足施工方案的要求	检查质量证明文件和抽样检验报告	对同一配合比混凝土,取样与试件留置应符合下列规定:①每100盘且不超过100 m³时,取样不少于一次;②每工作班拌制不足100盘时,取样不得少于一次;③连续浇筑超过1 000 m³时,每200 m³取样不得少于一次;④每一楼层取样不得少于一次		/	

续表

	验收项目		设计要求及规范规定		样本总数	最小/实际抽样数量	检查记录	检查结果
一般项目	2	混凝土耐久性检验	混凝土有耐久性指标要求时,应符合国家现行有关标准的规定和设计要求	检查试件耐久性试验报告	同一配合比的混凝土,取样不应少于一次,留置试件数量应符合国家现行标准《普通混凝土长期性能和耐久性能试验方法标准》GB/T 50082和《混凝土耐久性检验评定标准》JGJ/T 193的规定		/	
	3	抗冻混凝土含气量检验	混凝土有抗冻要求时,应在施工现场进行混凝土含气量检验,其检验结果应符合国家现行有关标准的规定和设计要求	检查混凝土含气量试验报告	同一配合比的混凝土,取样不应少于一次,取样数量应符合现行国家标准《普通混凝土拌合物性能试验方法标准》GB/T 50080的规定		/	
	施工单位检查结果		专业工长: 项目专业质量检查员:					年 月 日
	监理(建设)单位验收结论		专业监理工程师: (建设单位项目专业技术负责人):					年 月 日

(2)垫层混凝土施工检验批质量验收记录

混凝土施工检验批质量验收记录

GB 50204—2015   桂建质 010202(Ⅸ) | 0 | 0 | 2 |

单位(子单位)工程名称		分部(子分部)工程名称	地基与基础(基础)	分项工程名称	钢筋混凝土扩展基础
施工单位		项目负责人		检验批容量	
分包单位		分包单位项目负责人		检验批部位	

施工依据		《混凝土结构工程施工规范》 GB 50666—2011		验收依据	《混凝土结构工程施工质量验收规范》 GB 50204—2015			
	验收项目	设计要求及规范规定		样本总数	最小/实际抽样数量	检查记录	检查结果	
主控项目	1 混凝土取样和留置	混凝土的强度等级必须符合设计要求。用于检验混凝土强度的试件应在浇筑地点随机抽取	检查施工记录及混凝土强度试验报告	对同一配合比混凝土,取样与试件留置应符合下列规定:①每100盘且不超过100 m³的同配合比取样不少于一次;②每工作班的同配合比不足100盘取样不少于一次;③当一次连续浇筑超过1 000 m³时,同一配合比每200 m³取样不少于一次;④每一楼层、同一配合比取样不少于一次;⑤每次取样至少留置一组试件		/		
一般项目	1 后浇带的留设位置及处理方法	后浇带的留设位置应符合设计要求。后浇带和施工缝的留设及处理方法应符合施工方案要求	观察	全数检查		/		
	2 混凝土养护	养护时间以及养护方法应符合施工方案要求	观察,检查混凝土养护记录	全数检查		/		
施工单位检查结果		专业工长: 项目专业质量检查员: 年 月 日						
监理(建设)单位验收结论		专业监理工程师: (建设单位项目专业技术负责人): 年 月 日						

3. 干作业成孔灌注桩基础分项

1）干作业成孔灌注桩基础分项工程质量验收记录

干作业成孔灌注桩基础分项工程质量验收记录在分项工程所含检验批验收完毕后进行。

干作业成孔灌注桩基础分项工程质量验收记录

桂建质（分项 A 类）

单位（子单位）工程名称			分部（子分部）工程名称			
检验批数量			分项工程专业质量检查员			
施工单位			项目负责人		项目技术负责人	
分包单位			分包单位项目负责人		分包内容	
序号	检验批名称	检验批容量	部位/区段	施工单位检查结果	监理（建设）单位验收意见	
1						
2						
3						
4						
5						
6						
7						
8						
9						
10						
11						
12						
说明：						

续表

施工单位 检查结果	项目专业技术负责人： 　　　　　　　　　　　　　　年　月　日
监理(建设)单位 验收结论	专业监理工程师： (建设单位项目专业技术负责人)： 　　　　　　　　　　　　　　年　月　日

注：本表(分项 A 类)适用于不涉及全高垂直度检查、无特殊要求的分项工程。混凝土现浇结构、混凝土装配结构、砖砌体、混凝土小型空心砌块砌体、石砌体分项工程质量验收记录使用分项 B 类表格。

2)干作业成孔灌注桩检验批质量验收记录

干作业成孔灌注桩检验批质量验收记录

GB 50202—2018　　　　　　　　　　　　　　　　　　桂建质 010209 ⬚0⬚ ⬚0⬚ ⬚1⬚

单位(子单位) 工程名称			分部(子分部) 工程名称		地基与基础 (基础)	分项工程 名称		干作业成孔 灌注桩基础
施工单位			项目负责人			检验批容量		
分包单位			分包单位 项目负责人			检验批部位		
施工依据			深基坑专项施工方案		验收依据	《建筑地基基础工程施工质量验收标准》 GB 50202—2018		

		验收项目	设计要求及规范规定		最小/实际 抽样数量	检查记录	检查 结果
主控项目	1	承载力	不小于设计值	静载试验	/		
	2	孔深及孔底土 岩性	不小于设计值	测钻杆套管长度或用测 绳，检查孔底土岩性报告	/		
	3	桩身完整性	—	钻芯法(大直径嵌岩桩应 钻至桩尖下 500 mm)、低 应变法或声波透射法	/		
	4	混凝土强度	不小于设计值	28 d 试块强度或钻芯法	/		
	5	桩径	≥0	井径仪或超声波检测,干 作业时用钢尺量，人工挖 孔桩不包括护壁厚	/		

续表

	验收项目		设计要求及规范规定		最小/实际抽样数量	检查记录	检查结果
一般项目	1	桩位	$\leq 70 + 0.01H$	全站仪或用钢尺量,基坑开挖前量护筒,开挖后量桩中心	/		
	2	垂直度	$\leq 1/100$	经纬仪测量或线锤测量	/		
	3	桩顶标高	$+30$ mm -50 mm	水准测量	/		
	4	混凝土坍落度	$90 \sim 150$ mm	坍落度仪	/		
	5	钢筋笼质量	主筋间距	± 10 mm	用钢尺量	/		
			长度	± 100 mm	用钢尺量	/		
			钢筋材质检验	设计要求	抽样送检	/	试验合格,报告编号	
			箍筋间距	± 20 mm	用钢尺量	/		
			笼直径	± 10 mm	用钢尺量	/		

施工单位检查结果	专业工长: 项目专业质量检查员: 年　月　日
监理(建设)单位验收结论	专业监理工程师: (建设单位项目专业技术负责人): 年　月　日

注:H 为桩基施工面至设计桩顶的距离,mm。

3) 干作业成孔灌注桩施工记录

干作业成孔灌注桩施工记录

工程名称：

桩顶标高：　　　　m

编号：××-××-C4-×××

序号	记录日期	桩位编号	孔深（m）	进入持力层深度（mm）	虚土厚度（mm）	桩径		扩大头直径		轴线位移		垂直偏差（mm）	混凝土设计强度等级	混凝土理论用量（m³）	混凝土实际用量（m³）	充盈系数	护壁（mm）
						设计（mm）	实际（mm）	设计（mm）	实际（mm）	纵轴（mm）	横轴（mm）						

签字栏	监理（建设）单位		施工单位		
	专业技术负责人		专业质量员	专业工长	

4) 钻孔施工记录

钻孔施工记录表

施工单位：　　　　　工程名称：　　　　　日期：　　　年 月 日

桩号：　　　　　机号：　　　　　桩径：　　　　　　　　孔口标高：

护筒埋深：　　　　　桩位情况：　　　　　垂直度情况：

时间		工作项目	钻进深度		孔内情况
起	止		本次	累计	（土层情况、泥浆指标、沉渣等）
					施工员

5) 商品混凝土施工记录

商品混凝土施工记录

天气：　　　　　　　气温：　　℃　　　　　　　　编号：××-××-C4-×××

工程名称			部位	
施工单位		施工班组	标高	m
混凝土强度等级、抗渗等级		配合比报告编号	当班浇捣量	m³
商品混凝土生产厂名称		质量证明文件是否齐全	实测坍落度	mm
当班开始时间	年 月 日 时 分	停歇时间	1. 不间断 2. 从 时 分停止至 时 分开始	当班终止时间	年 月 日 时 分
模板及支撑体系是否已验收，是否牢固，是否可能漏浆		钢筋及其他预埋预留是否已验收	原材料是否已验收，并符合要求	
钢筋定位措施是否可靠（板负筋及底筋、柱插筋、预留筋）		是否已有控制板标高、厚度的措施	模板是否已涂隔离剂，已淋湿，已清理干净	
振捣方式	插入式(　　) , 平板式(　　)			
中途有否停歇	/	停歇部位	/	停歇原因	/
施工缝（如果有）位置	/	施工缝处理方法		/
标准养护试块	编号： 28d 强度：	同条件养护试块	编号： 600 ℃·d 强度：	拆模判别试块	编号： 拆模时强度：
初次淋水养护时间	年 月 日 时 分	覆盖养护措施	用麻袋覆盖、洒水养护	结束养护时间	年 月 日 结束，共 天
拆侧模日期	预计： 年 月 日 实际： 年 月 日	拆底模日期	预计： 年 月 日 实际： 年 月 日		

其他情况（包括事故处理、必要时附图）：

签字栏	混凝土施工班组负责人	施工单位专业质量员	专业监理工程师

6) 冲(钻)孔桩灌注桩混凝土施工记录

冲(钻)孔桩灌注桩混凝土施工记录

工程名称			子分部工程名称	桩基	桩号		桩身直径	
施工单位					桩位轴线			
分包单位	/				施工班组			
混凝土强度等级		配合比报告编号			本桩浇捣量			
水 泥 种 类、标号、生产厂家、生产日期	/			每盘材料用量(kg)	水泥 __/__ ，砂 __/__ ，石 __/__ ，外加剂 __/__ ，掺合料 __/__			
商品混凝土生产厂名称								
本桩开始浇注时间	年 月 日 时 分			本桩终止浇注时间	年 月 日 时 分			
原材料是否已验收,验收表格编号		钢筋笼是否已验收,验收表格编号		桩孔验收	桩孔是否已经验收			
					是否已到达持力层			
					验收表格编号			
标准养护试块	编号		浇注当天天气情况			浇注当天气温		
	试块28d强度(MPa)							
其他情况(包括事故处理,必要时附图):								
坍落度:								
班组长(签名):	值班质量检查员(签名):		施工员(签名):			旁站监理员(签名):		

注:1. 一桩一表。

2. 每根桩浇注混凝土不宜中途停顿。

7)钻孔灌注桩施工质量隐蔽验收记录

钻孔灌注桩施工质量隐蔽验收记录

工程名称：　　　　　　　　　　　　　　　　　　　　　　　　　共____页第____页

桩孔编号			桩孔开孔日期时间	年　　月　　日
孔口高程			桩孔终孔日期时间	年　　月　　日
检查记录	钻孔	(1)持力层为　中风化泥岩层④ (2)设计持力层顶面高程　　　　　　　m (3)钻孔孔底高程　　　　　　　m (4)钻孔深度　　　　　　　m (5)浇筑前孔深　　　　　　　m		
	孔形	(1)孔斜　　　　　% (2)孔径　　　　　mm (3)其他　　　　　/		
	清孔	(1)清孔时间:第一次　　　起　　　止,第二次　　　起　　　止 (2)孔底淤积　　　　cm (3)清孔泥浆指标:比重:　　g/cm³;黏度:　　%;含砂率:　　% (4)其他:　　　/		
	钢筋笼	(1)钢筋笼长度:　　　m (2)钢筋规格:　　主筋:14Φ18 　　　　　　　螺旋箍:Φ8@200　　　加强箍:Φ14@2000 (3)钢筋连接方式:搭接单面焊 (4)其他:　　　/		
施工机械型号		ZJ1800型	钻头直径	1.0 m
验收意见		符合设计及规范要求,同意隐蔽	专业监理工程师 (建设单位项目专业技术负责人)	
			设计单位	
			勘察单位	
			项目技术负责人	
			项目经理	
			施工员	

验收日期:　　年　月　日

8）基桩工程质量验收报告

基桩工程质量验收报告

工程名称			建设单位		
桩基础施工单位			资质等级		
桩基础类型	按设计图纸填写		验收区段与桩段		区段注明轴线
桩基施工周期	年 月 日至 年 月 日		验收日期		
实体质量检查情况	1. 桩位轴线符合设计及规范要求； 2. 桩径、桩顶标高符合设计及规范要求； 3. 桩身混凝土试块强度满足设计要求； 4. 桩基静载试验、高（低）应变动测结果满足设计要求				
资料检查情况	1. 质量控制资料共×××项，经查符合要求； 2. 安全和功能检验（检测）报告共×××项，经查符合要求； 3. 基桩工程资料完整，符合设计及施工规范要求				
基桩施工单位评定意见： 项目经理： （公章） 年 月 日			总包或交接单位验收意见： 项目负责人： （公章） 年 月 日		
勘察单位验收意见： 同意验收 项目勘察负责人： （公章） 年 月 日		设计单位验收意见： 同意验收 项目设计负责人： （公章） 年 月 日		建设或监理单位验收意见： 同意验收 项目负责人或项目 总监理工程师： （公章） 年 月 日	

注:1. 基桩工程完成后,建设或监理单位应组织有关单位进行质量验收,并按规定的内容填写和签署意见,工程建设参与各方按规定承担相应质量责任。

  2. 按规定的内容填写和签署意见后,送一份至工程质量监督站备案。

基桩资料检查表

序号	基桩资料检查表	份数
1	工程地质勘察报告	
2	桩基施工图	
3	图纸会审纪要	
4	设计变更通知单/材料代换通知单	/
5	桩位测量放线图	
6	水泥出厂合格证/水泥试验报告	/
7	混凝土配合比报告/混凝土试块试验报告	/
8	钢材出厂合格证/钢材试验报告	/
9	焊条(剂)合格证/焊接试(检)验报告	/
10	钢筋隐蔽工程验收记录	
11	钢筋混凝土预制桩出厂合格证	
12	施工记录　钢筋混凝土预制桩(或预应力混凝土管桩)打(压)桩	
	泥浆护壁成孔灌注桩	
	沉管灌注桩	
	钻孔灌注桩	
	人工挖孔灌注桩	
13	基桩混凝土施工记录/灌注桩水下混凝土浇注记录	/
14	人工挖孔灌注桩桩孔验收记录	
15	单桩承载力检测报告/成桩质量检测报告	/
16	基桩分项工程质量检验评定表	
17	质量事故处理记录及有关资料	
18	基桩竣工平面图及桩顶标高图	

4.基础子分部工程质量验收记录

基础子分部工程质量验收记录

GB 50202—2018 桂建质 0102

单位(子单位)工程名称		分部工程名称	地基与基础	分项工程数量	
施工单位		项目负责人		技术(质量)负责人	
分包单位		分包单位负责人		分包内容	
序号	分项工程名称		检验批数	施工单位检查结果	监理(建设)单位验收意见
1	无筋扩展基础				(验收意见、合格或不合格的结论、是否同意验收)
2	钢筋混凝土扩展基础				
3	筏形与箱形基础				
4	钢结构基础				
5	钢管混凝土结构基础				
6	型钢混凝土结构基础				
7	钢筋混凝土预制桩基础				
8	泥浆护壁成孔灌注桩基础				
9	干作业成孔灌注桩基础				
10	长螺旋钻孔压灌桩基础				
11	沉管灌注桩基础				
12	钢桩基础				
13	锚杆静压桩基础				
14	岩石锚杆基础				
15	沉井与沉箱基础				
质量控制资料检查结论	(按附表第1~15项检查)共 项,经查符合要求 项,经核定符合规范要求 项		安全和功能检验(检测)报告检查结论	(按附表第16~20项检查)共核查 项,符合要求 项,经返工处理符合要求 项	
观感验收记录	1.共抽查 项,符合要求 项,不符合要求 项2.观感质量评价:		验收组验收结论	(合格或不合格、是否同意验收的结论)	
勘察单位项目负责人: 年 月 日	设计单位项目负责人: 年 月 日		分包单位项目负责人:施工单位项目负责人: 年 月 日	监理(建设)单位项目负责人: 年 月 日	

注:"经核定符合规范要求 项"是指初验未通过的项目,按《建筑工程施工质量验收统一标准》GB 50300—2013 第5.0.6条处理的情况。

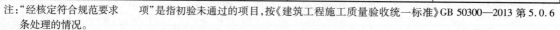

基础子分部工程资料检查表

GB 50202—2018

桂建质 0102 附表

序号	检查内容	份数	监理(建设)单位检查意见
1	工程地质勘察报告		
2	设计图纸/变更文件	/	
3	桩位测量放线图		
4	钢材合格证/试验报告	/	
5	钢材焊接试验报告/焊条(剂)合格证/焊工上岗证	/	
6	水泥合格证/试验报告	/	
7	砂、石、硫磺胶泥等其他原材料检验单(合格证)		
8	混凝土外加剂/试验报告	/	
9	成品桩出厂合格证		
10	混凝土配合比报告		
11	混凝土开盘鉴定记录		
12	基桩施工记录		
13	基桩竣工平面图及桩顶标高图		
14	重大质量问题处理方案/验收记录	/	
15	分项工程质量验收记录——桂建质(分项 A 类)		
16	桩体试块强度试验报告		
17	单桩承载力检测报告		
18	桩身完整性检测报告		
19	混凝土抗压强度试验报告/混凝土试件的性能试验报告	/	
20	混凝土试块抗压强度统计及验收记录		

检查人:

年　月　日

注:1. 检查意见分两种:合格打"√",不合格打"×"。

2. 验收时,若混凝土试块未达龄期,各方可先验收除混凝土强度之外的其他内容。待混凝土强度试验数据得出后,达到设计要求则验收有效;达不到要求,处理后重新验收。

3. 关于混凝土灌注桩桩体试块强度:每浇 50 m³ 制作 1 组试件,浇筑量小于 50 m³ 的桩,每根桩制作 1 组试件。按《建筑工程施工强制性条文实施指南》的解释是:小于 50 m³ 的桩,每根桩要做 1 组试件,是指单柱单桩的每个承台下的桩需确保有 1 组试件。

任务二　土方子分部

知识构成

工业与民用建筑工程中,土方工程一般分为三类:

(1)场地平整:根据建筑设计要求,将拟建的建筑物场地范围内高低不平的地形整为平地。

(2)基坑(槽)开挖、地下工程大型土方开挖。

(3)基坑(槽)土方回填。

基坑(槽)的开挖施工,应根据规划部门或设计部门的要求,确定房屋的位置和标高,然后根据基坑的底面尺寸、埋置深度、土质情况、地下水位高低及季节变化等不同情况,考虑施工需要,确定是否需要留置工作面、边坡、排水设施和设置支撑,从而制订土方开挖施工方案。为保证施工质量与安全,土方开挖中应注意以下几点:

(1)选择合理的施工机械、开挖顺序和开挖路线。

(2)土方开挖施工宜在干燥环境下作业,当地下水位高于基坑底面时,施工前必须做好地面排水和降低地下水位工作,地下水位降至基坑底下 0.5 ~ 1.0 m 后方可施工。

(3)在基坑开挖过程中,应注意坑(槽)边缘荷载。

(4)在基坑开挖至接近坑底标高时,应注意避免超挖,防止造成坑底土的扰动,造成土体结构破坏。

(5)在基坑已施工有工程桩桩体,要注意保护。

(6)基坑开挖后,应根据要求及时作好坡面的防护工作,浇筑垫层封闭基坑。

(7)基坑开挖时,应对平面控制桩、水准点、基坑平面位置、水平标高、边坡坡度等经常进行复测检查,并对土质情况、地下水位等的变化经常做检查,如发现基底土质与设计不符时,需经有关人员研究处理,并做好隐蔽工程记录。

(8)在原有建筑物附近开挖基坑(槽),如开挖深度大于原有建筑物基础埋深时,应保持一定的距离,以免在施工时影响邻近建筑物的稳定。

根据《建筑工程施工质量验收统一标准》(GB 50300—2013),土方子分部工程包含土方开挖、土方回填、场地平整等 15 个分项工程。

课堂活动

📖 结合工程实例(见本书所附图纸)及表 1-3,让学生独立找出本工程案例中土方开挖分项和土方回填分项两个分项工程的相关施工质量验收表格。

📖 学生分组讨论,然后独立填写土方开挖分项和土方回填分项两个分项工程的相关施工质量验收表格。

1.土方开挖分项

土方开挖分项工程质量验收记录在分项工程所含检验批验收完毕后进行。

土方开挖分项工程质量验收记录

桂建质(分项 A 类)

单位(子单位)工程名称		分部(子分部)工程名称			
检验批数量		分项工程专业质量检查员			
施工单位		项目负责人		项目技术负责人	
分包单位		分包单位项目负责人		分包内容	

序号	检验批名称	检验批容量	部位/区段	施工单位检查结果	监理(建设)单位验收意见
1					
2					
3					
4					
5					
6					
7					
8					
9					
10					
11					
12					

说明:	
施工单位检查结果	项目专业技术负责人: 年 月 日
监理(建设)单位验收结论	专业监理工程师: (建设单位项目专业技术负责人): 年 月 日

注:本表(分项 A 类)适用于不涉及全高垂直度检查、无特殊要求的分项工程。混凝土现浇结构、混凝土装配结构、砖砌体、混凝土小型空心砌块砌体、石砌体分项工程质量验收记录使用分项 B 类表格。

1）柱基、基坑、基槽土方开挖工程检验批质量验收记录

柱基、基坑、基槽土方开挖工程检验批质量验收记录

GB 50202—2018　　　　　　　　　　　　　桂建质 010601（Ⅰ）　0　0　1

单位(子单位) 工程名称			分部(子分部) 工程名称	地基与基础 （土石方）	分项工程 名称	土方开挖
施工单位			项目负责人		检验批容量	
分包单位			分包单位 项目负责人		检验批部位	
施工依据			《建筑地基基础工程施工规范》 GB 51004—2015	验收依据	《建筑地基基础工程施工质量验收标准》 GB 50202—2018	

		验收项目	设计要求及规范规定		最小/实际 抽样数量	检查记录	检查 结果
主控项目	1	标高	0，－50 mm	水准测量	/		
	2	长度、宽度（由 设计中心线向 两边量）	－50， ＋200 mm	全站仪或用钢尺量	/		
	3	坡率	设计值	目测法或用坡度尺 检查	/		
一般项目	1	表面平整度	±20 mm	用2 m靠尺	/		
	2	基底土性	设计要求	目测法或土样分析	/		

施工单位 检查结果	专业工长： 项目专业质量检查员： 　　　　　　　　　　年　月　日
监理(建设)单位 验收结论	专业监理工程师： （建设单位项目专业技术负责人）： 　　　　　　　　　　年　月　日

注：土石方工程的标高检查点为每100 m² 取1点，且不应少于10点；土石方工程的平面几何尺寸(长度、宽度等)应全数
检查；土石方工程的边坡为每20 m取1点，且每边不应少于1点。土石方工程的表面平整度检查点为每100 m² 取1
点，且不应少于10点。

2）土方开挖施工记录

土方开挖施工记录

编号：××-××-C4-×××

工程名称：				
施工单位		开挖日期		
开挖部位		开挖方法		
开挖顺序		开挖尺寸		
开挖部位的水文、地质及处理情况	1.开挖地层为勘探报告第_____层，_____土。 2.土质情况：_____ 3.地下水情况：_____ 4.地下水控制情况：_____			
开挖过程描述				
开挖示意图				

签字栏	监理（建设）单位	施工单位		
		专业技术负责人	专业质量员	专业工长

2. 土石方回填分项

土石方回填分项工程质量验收记录在分项工程所含检验批验收完毕后进行。

土石方回填分项工程质量验收记录

桂建质(分项 A 类)

单位(子单位) 工程名称			分部(子分部) 工程名称			
检验批数量			分项工程专业 质量检查员			
施工单位			项目负责人		项目技术 负责人	
分包单位			分包单位 项目负责人		分包内容	
序号	检验批名称	检验批容量	部位/区段	施工单位检查结果		监理(建设)单位 验收意见
1						
2						
3						
4						
5						
6						
7						
8						
9						
10						
11						
12						
说明:						
施工单位 检查结果		项目专业技术负责人: 年 月 日				
监理(建设)单位 验收结论		专业监理工程师: (建设单位项目专业技术负责人): 年 月 日				

注:本表(分项 A 类)适用于不涉及全高垂直度检查、无特殊要求的分项工程。混凝土现浇结构、混凝土装配结构、砖砌体、混凝土小型空心砌块砌体、石砌体分项工程质量验收记录使用分项 B 类表格。

1)柱基、基坑、基槽、管沟、地(路)面基础层填方工程检验批质量验收记录

柱基、基坑、基槽、管沟、地(路)面基础层填方工程
检验批质量验收记录

GB 50202—2018   桂建质 010604 | 0 | 0 | 1 |

单位(子单位) 工程名称		分部(子分部) 工程名称	地基与基础 (土石方)	分项工程 名称	土石方回填
施工单位		项目负责人		检验批容量	
分包单位		分包单位 项目负责人		检验批部位	
施工依据	《建筑地基基础工程施工规范》 GB 51004—2015		验收依据	《建筑地基基础工程施工质量验收标准》 GB 50202—2018	

		验收项目	设计要求及规范规定		最小/实际 抽样数量	检查记录	检查 结果
主控项目	1	标高	0，−50 mm	水准测量	/		
	2	分层压实系数	不小于设计值	环刀法、灌水法、灌砂法	/		
一般项目	1	回填土料	设计要求	取样检查或直接鉴别	/		
	2	分层厚度	设计值	水准测量及抽样检查	/		
	3	含水量	最优含水量 ±2%	烘干法	/		
	4	表面平整度	±20 mm	用 2 m 靠尺	/		
	5	有机质含量	≤5%	灼烧减量法	/		
	6	辗迹重叠长度	500～1 000 mm	用钢尺量	/		
施工单位 检查结果					专业工长： 项目专业质量检查员： 　　　　　　　　　　　年　月　日		
监理(建设)单位 验收结论					专业监理工程师： (建设单位项目专业技术负责人)： 　　　　　　　　　　　年　月　日		

注:土石方工程的标高检查点为每100 m² 取1点,且不应少于10点;土石方工程的平面几何尺寸(长度、宽度等)应全数检查;土石方工程的边坡为每20 m取1点,且每边不应少于1点;土石方工程的表面平整度检查点为每100 m² 取1点,且不应少于10点。

2) 土方回填施工记录

土方回填施工记录

编号：××-××-C4-×××

工程名称		施工单位		监理单位	
填筑情况	填料设计要求			填料实际情况	
	分层铺设厚度			分层施工上下层搭接长度	
	碾压遍数		碾压机具	碾压方法	
	碾压面积			标高	
	边坡坡度			表面平整度	
现场试验情况	试验点位置示意图				
	试验点数			表面平整度	
	最大干密度		最优含水量(%)	含水量实测值(%)	
	压实系数（设计值）		试验结果	试验单编号	
检查结论					
施工单位	项目专业技术负责人： 记录人： 年 月 日		监理（建设）单位	专业监理工程师： （建设单位代表）： 年 月 日	

3)地基验槽记录

地基验槽记录

编号:××-××-C4-×××

工程名称		基础类型	按设计图纸填写
建设单位		施工单位	
施工起止日期	年 月 日至 年 月 日	验收日期	填写五方验收时间
验收情况	(填写:地质情况、基槽的几何尺寸、槽底标高、障碍物、钎探情况等) 1.按设计图纸结-×××图开挖至设计标高; 2.基坑土质和宽度、深度、长度符合设计要求; 3.轴线、标高符合设计要求; 4.坑内松土、杂物已清理干净; 5.资料完整,符合要求。 必须附图:基槽概貌图标注尺寸和底标高		
验收意见	资料完整,施工质量符合设计和施工规范要求		

验收单位签章	建设单位	监理单位	勘察单位	设计单位	施工单位
	项目负责人:	总监理工程师:	项目负责人:	项目负责人:	项目负责人:
	（公章） 年 月 日	（公章） 年 月 日	（公章） 年 月 日	（公章） 年 月 日	（公章） 年 月 日

【填写说明】

(1)适用范围

本表适用于土方开挖完成后地基验槽的检查记录,由施工单位项目负责人组织填写,勘察单位项目负责人、设计单位项目负责人、监理单位总监理工程师、建设单位项目负责人审核签认。

(2)填表注意事项

基槽挖方并平整完成后,监理(建设)单位应组织有关单位进行质量验收,并按规定的内容填写和签署意见,工程建设参与各方按规定承担相应质量责任。

4) 地基钎探记录（设计有要求时才做）

地基钎探记录

工程名称：
钎探部位：
每步探入深度（mm）：

施工单位：
基槽（坑，孔）底标高（m）：
钎身长度（mm）：

钎探日期：
钎探方法：
编号：×××-××-C4-×××

钎身直径（mm）：

探孔序号 \ 每步次数	钎探步数																	累计钎探次数	累计钎探深度（m）	备注
	1	2	3	4	5	6	7	8	9	10	11	12	13	14	15	16	17			
1																				
2																				
3																				
4																				
5																				
6																				
7																				
8																				

签字栏	监理（建设单位）	施工单位			
		专业技术负责人	专业质量员	专业工长

【填写说明】

(1)适用范围

本表适用于持力层明显不均匀,浅部有软弱下卧层,有浅埋的坑穴、古墓、古井等,直接观察难以发现,勘察报告或设计文件规定应进行轻型动力触探的地基钎探的检查记录,由施工单位专业技术负责人组织专业质量员、专业工长填写,监理单位专业监理工程师审核签认。

(2)填表注意事项

①勘察设计要求对基槽浅层土质的均匀性和承载力进行钎探的,钎探前应绘制钎探点平面布置图,确定钎探点布置及顺序编号,按照钎探点平面布置图及有关规定进行钎探,并填写地基钎探记录。

②依据现行国家标准《建筑地基基础工程施工质量验收规范》GB 50202 规定,遇到下列情况之一时,应在基坑底普遍进行轻型动力触探:

a. 持力层明显不均匀;

b. 浅部有软弱下卧层;

c. 有浅埋的坑穴、古墓、古井等,直接观察难以发现时;

d. 勘察报告或设计文件规定应进行轻型动力触探时。

采用轻型动力触探进行基槽检验时,检验深度及间距按表 1-8 执行。

表 1-8 轻型动力触探检验深度及间距表

排列方式	基槽宽度(m)	检验深度(m)	检验间距
中心一排	<0.8	1.2	1.0 ~ 1.5 m,视地层复杂情况定
两排错开	0.8 ~ 2.0	1.5	
梅花形	>2.0	2	

5)基槽插钎记录(设计有要求时才做)

基槽插钎记录

年　　月　　日

工程名称:			工程地点:		
建筑面积:			结构类别:		
基槽土质类别:			设计要求:		
插钎实测记录					
孔号	探入深度(m)	土质情况	孔号	探入深度(m)	土质情况

续表

孔号	探入深度(m)	土质情况	孔号	探入深度(m)	土质情况

附插钎平面图

插钎人：   插钎记录人：

3. 土石方子分部工程质量验收记录

土石方子分部工程质量验收记录

GB 50202—2018   桂建质 0106

单位(子单位)工程名称		分部工程名称	地基与基础	分项工程数量	
施工单位		项目负责人		技术(质量)负责人	
分包单位		分包单位负责人		分包内容	

序号	分项工程名称	检验批数	施工单位检查结果	监理(建设)单位验收意见
1	土方开挖			(验收意见、合格或不合格的结论、是否同意验收)
2	岩质基坑开挖			
3	土石方堆放与运输			
4	土石方回填			
5	场地平整			

质量控制资料检查结论	序号	资料名称	份数	检查意见
	1	工程地质勘察报告		
	2	设计图纸/变更文件	/	
	3	地基验槽记录		
	4	隐蔽工程检查验收记录		
	5	分项工程质量验收记录[桂建质(分项A类)]		
	6	施工记录		

质量控制资料检查结论	（按附表第1～6项检查）共　　项,经查符合要求　　项,经核定符合规范要求　　项	安全和功能检验（检测）报告检查结论	（按附表第　～　项检查）共核查　　项,符合要求　　项,经返工处理符合要求　　项
观感验收记录	1.共抽查　　项,符合要求　　项,不符合要求　　项 2.观感质量评价：	验收组验收结论	（合格或不合格、是否同意验收的结论）
勘察单位 项目负责人： 　　年　月　日	设计单位 项目负责人： 　　年　月　日	分包单位 项目负责人： 　　　　年　月　日 施工单位 项目负责人： 　　　　年　月　日	监理（建设）单位 项目负责人： 　　年　月　日

注:1. 质量控制资料检查意见分两种:合格打"√",不合格打"×"。

　　2. "经核定符合规范要求　　项"是指初验未通过的项目,按《建筑工程施工质量验收统一标准》GB 50300—2013 第5.0.6条处理的情况。

任务三　地基与基础分部工程质量验收资料

知识构成

　　分部工程验收是以所含各分项工程验收为基础进行的。首先,组成分部工程的各分项工程已验收合格且相应的质量控制资料齐全、完整。此外,由于各分项工程的性质不尽相同,因此,作为分部工程,不能简单地组合而加以验收,尚须增加以下两类检查项目:

　　①涉及安全、节能、环境保护和主要使用功能的地基与基础分部工程应进行有关见证检验或抽样检测。

　　②以观察、触摸或简单量测的方式进行观感质量验收,并结合验收人的主观判断,检查结果不给出"合格"或"不合格"的结论,而是综合给出"好""一般""差"的质量评价结果。对于"差"的检查点应通过返修处理等补救。

　　地基与基础分部工程质量验收合格应符合下列规定:

　　①所含分项工程的质量均应验收合格;

　　②质量控制资料应完整;

　　③有关安全、节能、环境保护和主要使用功能的抽样检验结果应符合相应规定;

　　④观感质量应符合要求。

课堂活动

　　结合工程实例(见本书所附图纸),让学生分组讨论地基与基础分部工程质量验收的条件是否具备,基础子分部、土石方子分部的质量验收资料及其各分项工程质量验收资料是否完整。

📖 列出基础分部工程质量验收还需要填写的表格。

📖 教师引导,学生分组讨论并填写以下资料。

1. 地基与基础分部工程质量验收记录

地基与基础分部工程质量验收记录

GB 50300—2013   桂建质 01

单位(子单位)工程名称		子分部工程数量		分项工程数量	
施工单位		项目负责人		技术(质量)负责人	
分包单位		分包单位负责人		分包内容	
序号	子分部工程名称	分项工程数	施工单位检查结果	验收组验收结论	
1	地基			(验收意见、合格或不合格的结论、是否同意验收)	
2	基础				
3	特殊土地基基础				
4	基坑支护				
5	地下水控制				
6	土石方				
7	边坡				
8	地下防水				
质量控制资料检查结论	共 项,经查符合要求 项,经核定符合规范要求 项	安全和功能检验(检测)报告检查结论		共核查 项,符合要求 项,经返工处理符合要求 项	
观感质量验收结论	1. 共抽查 项,符合要求 项,不符合要求 项 2. 观感质量评价(好、一般、差):				
施工单位	设计单位		监理(建设)单位	勘察单位	
项目负责人:	项目负责人:		项目负责人:	项目负责人:	
(公章) 年 月 日	(公章) 年 月 日		(公章) 年 月 日	(公章) 年 月 日	

注:1. 质量控制资料、安全和功能检验(检测)报告检查情况可查阅有关的子分部工程质量验收记录或直接查阅原件,统计整理后填入本表。

2. 本验收记录尚应有各有关子分部工程质量验收记录作附件。

3. 观感质量验收由总监理工程师或建设单位项目专业负责人组织并以其为主,听取参验人员意见后作出评价,如评为"差"时,能修的尽量修,若不能修,只要不影响结构安全和使用功能,可协商接收,并在"验收组验收意见"栏中注明。

2.地基与基础分部工程报验表

地基与基础分部工程报验表

工程名称：　　　　　　　　　　　　　　　　　　　　　　　　　编号：

致：_____（项目监理机构） 　　我方已完成<u>地基与基础工程施工</u>（分部工程），经自检合格，请予以验收。 　　附件：分部工程质量控制资料 　　1.地基与基础分部工程质量验收记录； 　　2.地基与基础分部工程质量控制资料； 　　3.地基与基础分部工程安全和功能检验（检测）资料。   　　　　　　　　　　　　　　　　　　　　施工项目经理部（盖章） 　　　　　　　　　　　　　　　　　　　　项目技术负责人（签字）： 　　　　　　　　　　　　　　　　　　　　　　　　年　月　日
验收意见： 　　1.地基与基础工程施工已完成； 　　2.所含子分部无遗漏并全部合格； 　　3.地基与基础工程安全和功能检验资料核查及主要功能抽查符合设计和规范要求； 　　4.地基与基础工程混凝土外观质量符合设计和规范要求，未发现混凝土质量通病； 　　5.地基与基础工程实体检测结果合格。   　　　　　　　　　　　　　　　　　　　　专业监理工程师（签字）： 　　　　　　　　　　　　　　　　　　　　　　　　年　月　日
验收意见： 　　同意验收。   　　　　　　　　　　　　　　　　　　　　项目监理机构（盖章） 　　　　　　　　　　　　　　　　　　　　总监理工程师（签字）： 　　　　　　　　　　　　　　　　　　　　　　　　年　月　日

注：本表一式三份，项目监理机构、建设单位、施工单位各一份。

学习情境二　主体结构分部工程施工质量验收资料的编制

知识构成

　　主体结构分部工程施工质量验收记录包括分部工程质量验收记录、子分部工程质量验收记录、分项工程质量验收记录和检验批工程质量验收记录。根据《建筑工程施工质量验收统一标准》GB 50300—2013,主体结构分部工程按表 2-1 划分子分部、分项工程。

表 2-1　主体结构子分部工程、分项工程划分

分部工程	子分部工程	分项工程
主体结构（02）	混凝土结构（01）	模板（01）,钢筋（02）,混凝土（03）,预应力（04）,现浇结构（05）,装配式结构（06）
	砌体结构（02）	砖砌体（01）,混凝土小型空心砌块砌体（02）,石砌体（03）,配筋砌体（04）,填充墙砌体（05）
	钢结构（03）	钢结构焊接（01）,紧固件连接（02）,钢零部件加工（03）,钢构件组装及预拼装（04）,单层钢结构安装（05）,多层及高层钢结构安装（06）,钢管结构安装（07）,预应力钢索和膜结构（08）,压型金属板（09）,防腐涂料涂装（10）,防火涂料涂装（11）
	钢管混凝土结构（04）	构件现场拼装（01）,构件安装（02）,柱与混凝土梁连接（03）,钢管内钢筋骨架（04）,钢管内混凝土浇筑（05）
	型钢混凝土结构（05）	型钢焊接（01）,紧固件连接（02）,型钢与钢筋连接（03）,型钢构件组装及预拼装（04）,型钢安装（05）,模板（06）,混凝土（07）
	铝合金结构（06）	铝合金焊接（01）,紧固件连接（02）,铝合金零部件加工（03）,铝合金构件组装（04）,铝合金构件预拼装（05）,铝合金框架结构安装（06）,铝合金空间网格结构安装（07）,铝合金面板（08）,铝合金幕墙结构安装（09）,防腐处理（10）
	木结构（07）	方木和原木结构（01）,胶合木结构（02）,轻型木结构（03）,木结构防护（04）

课堂活动

📖　结合工程实例(见本书所附图纸),学生分组讨论主体结构分部检验批的划分方案,列出某住宅小区20号住宅楼工程主体结构施工阶段相关资料名称,编制"主体结构分部、子分部、分项与检验批划分计划表"(见表2-2)。

表2-2　主体结构分部、子分部、分项与检验批划分计划表

序号	分部工程 质量验收记录	子分部工程 质量验收记录	分项工程 质量验收记录	检验批质量验收记录表格及验收部位
	主体结构			

【填写说明】

①依据规范:《混凝土结构工程施工质量验收规范》GB 50204—2015、《砌体结构工程施工质量验收规范》GB 50203—2011。

②《建筑工程施工质量验收统一标准》GB 50300—2013 第4.0.5条:检验批可根据施工、质量控制和专业验收的需要,按工程量、楼层、施工段、变形缝进行划分。

③《建筑工程施工质量验收统一标准》GB 50300—2013 条文说明第4.0.5条:

a. 多层及高层建筑工程中主体分部的分项可按楼层或施工段来划分检验批,单层建筑的分项工程可按变形缝等划分检验批;地基基础的分项工程一般划分为一个检验批,有地下层的基础工程可按不同地下层划分检验批;屋面工程的分项工程可按不同楼层屋面划分为不同的检验批;其他分部工程中的分项工程一般按楼层划分检验批;对于工程量较少的分项工程可划为一个检验批。安装工程一般按一个设计系统或设备组别划分为一个检验批。室外工程一般

划分为一个检验批。散水、台阶、明沟等含在地面检验批中。

b. 按检验批验收有助于及时发现和处理施工中出现的质量问题,确保工程质量,也符合施工实际需要。

📖 教师引导,同学们自评、互评,完善主体结构分部、子分部、分项与检验批划分计划表(见表2-3)。

表2-3　主体结构分部、子分部、分项与检验批划分计划表

序号	分部工程质量验收记录	子分部工程质量验收记录	分项工程质量验收记录	检验批质量验收记录表格及验收部位
1				1层柱、剪力墙模板安装检验批质量验收记录
2				2层梁、板、梯模板安装检验批质量验收记录
3				2层柱、剪力墙模板安装检验批质量验收记录
4				3层梁、板、梯模板安装检验批质量验收记录
5				3层柱、剪力墙模板安装检验批质量验收记录
6				4层梁、板、梯模板安装检验批质量验收记录
7				4层柱、剪力墙模板安装检验批质量验收记录
8				5层梁、板、梯模板安装检验批质量验收记录
9				5层柱、剪力墙模板安装检验批质量验收记录
10			模板(01)	6层梁、板、梯模板安装检验批质量验收记录
11				6层柱、剪力墙模板安装检验批质量验收记录
12	主体结构(02)	混凝土结构(01)		7层梁、板、梯模板安装检验批质量验收记录
13				7层柱、剪力墙模板安装检验批质量验收记录
14				8层梁、板、梯模板安装检验批质量验收记录
15				8层柱、剪力墙模板安装检验批质量验收记录
16				9层梁、板、梯模板安装检验批质量验收记录
17				9层柱、剪力墙模板安装检验批质量验收记录
18				屋面梁、板、梯模板安装检验批质量验收记录
19				屋顶柱模板安装检验批质量验收记录
20				屋顶梁、板、梯模板安装检验批质量验收记录
21				1层柱、剪力墙钢筋原材料检验批质量验收记录
22				2层梁、板、梯钢筋原材料检验批质量验收记录
23			钢筋(02)	2层柱、剪力墙钢筋原材料检验批质量验收记录
24				3层梁、板、梯钢筋原材料检验批质量验收记录
25				3层柱、剪力墙钢筋原材料检验批质量验收记录

续表

序号	分部工程质量 验收记录	子分部工程 质量验收记录	分项工程质量 验收记录	检验批质量验收记录表格及验收部位
26				4 层梁、板、梯钢筋原材料检验批质量验收记录
27				4 层柱、剪力墙钢筋原材料检验批质量验收记录
28				5 层梁、板、梯钢筋原材料检验批质量验收记录
29				5 层柱、剪力墙钢筋原材料检验批质量验收记录
30				6 层梁、板、梯钢筋原材料检验批质量验收记录
31				6 层柱、剪力墙钢筋原材料检验批质量验收记录
32				7 层梁、板、梯钢筋原材料检验批质量验收记录
33			钢筋（02）	7 层柱、剪力墙钢筋原材料检验批质量验收记录
34				8 层梁、板、梯钢筋原材料检验批质量验收记录
35				8 层柱、剪力墙钢筋原材料检验批质量验收记录
36				9 层梁、板、梯 钢筋原材料检验批质量验收记录
37				9 层柱、剪力墙钢筋原材料检验批质量验收记录
38				屋面梁、板、梯钢筋原材料检验批质量验收记录
39	主体结构 （02）	混凝土结构 （01）		屋顶柱钢筋原材料检验批质量验收记录
40				屋顶梁、板、梯钢筋原材料检验批质量验收记录
41				1 层柱、剪力墙钢筋加工检验批质量验收记录
42				2 层梁、板、梯钢筋加工检验批质量验收记录
43				2 层柱、剪力墙钢筋加工检验批质量验收记录
44				3 层梁、板、梯钢筋加工检验批质量验收记录
45				3 层柱、剪力墙钢筋加工检验批质量验收记录
46				4 层梁、板、梯钢筋加工检验批质量验收记录
47			钢筋（02）	4 层柱、剪力墙钢筋加工检验批质量验收记录
48				5 层梁、板、梯钢筋加工检验批质量验收记录
49				5 层柱、剪力墙钢筋加工检验批质量验收记录
50				6 层梁、板、梯钢筋加工检验批质量验收记录
51				6 层柱、剪力墙钢筋加工检验批质量验收记录
52				7 层梁、板、梯钢筋加工检验批质量验收记录
53				7 层柱、剪力墙钢筋加工检验批质量验收记录
54				8 层梁、板、梯钢筋加工检验批质量验收记录

续表

序号	分部工程质量验收记录	子分部工程质量验收记录	分项工程质量验收记录	检验批质量验收记录表格及验收部位
55			钢筋（02）	8 层柱、剪力墙钢筋加工检验批质量验收记录
56				9 层梁、板、梯钢筋加工检验批质量验收记录
57				9 层柱、剪力墙钢筋加工检验批质量验收记录
58				屋面梁、板、梯钢筋加工检验批质量验收记录
59				屋顶柱钢筋加工检验批质量验收记录
60				屋顶梁、板、梯钢筋加工检验批质量验收记录
61	主体结构（02）	混凝土结构（01）	钢筋（02）	1 层柱、剪力墙钢筋连接检验批质量验收记录
62				2 层梁钢筋连接检验批质量验收记录
63				2 层柱、剪力墙钢筋连接检验批质量验收记录
64				3 层梁钢筋连接检验批质量验收记录
65				3 层柱、剪力墙钢筋连接检验批质量验收记录
66				4 层梁钢筋连接检验批质量验收记录
67				4 层柱、剪力墙钢筋连接检验批质量验收记录
68				5 层梁钢筋连接检验批质量验收记录
69				5 层柱、剪力墙钢筋连接检验批质量验收记录
70				6 层梁钢筋连接检验批质量验收记录
71				6 层柱、剪力墙钢筋连接检验批质量验收记录
72				7 层梁钢筋连接检验批质量验收记录
73				7 层柱、剪力墙钢筋连接检验批质量验收记录
74				8 层梁钢筋连接检验批质量验收记录
75				8 层柱、剪力墙钢筋连接检验批质量验收记录
76				9 层梁钢筋连接检验批质量验收记录
77				9 层柱、剪力墙钢筋连接检验批质量验收记录
78				屋面梁钢筋连接检验批质量验收记录
79				屋顶柱钢筋连接检验批质量验收记录
80				屋顶梁钢筋连接检验批质量验收记录
81			钢筋（02）	1 层柱、剪力墙钢筋安装检验批质量验收记录
82				2 层梁、板、梯钢筋安装检验批质量验收记录
83				2 层柱、剪力墙钢筋安装检验批质量验收记录

续表

序号	分部工程质量验收记录	子分部工程质量验收记录	分项工程质量验收记录	检验批质量验收记录表格及验收部位
84				3 层梁、板、梯钢筋安装检验批质量验收记录
85				3 层柱、剪力墙钢筋安装检验批质量验收记录
86				4 层梁、板、梯钢筋安装检验批质量验收记录
87				4 层柱、剪力墙钢筋安装检验批质量验收记录
88				5 层梁、板、梯钢筋安装检验批质量验收记录
89				5 层柱、剪力墙钢筋安装检验批质量验收记录
90				6 层梁、板、梯钢筋安装检验批质量验收记录
91				6 层柱、剪力墙钢筋安装检验批质量验收记录
92			钢筋（02）	7 层梁、板、梯钢筋安装检验批质量验收记录
93				7 层柱、剪力墙钢筋安装检验批质量验收记录
94				8 层梁、板、梯钢筋安装检验批质量验收记录
95				8 层柱、剪力墙钢筋安装检验批质量验收记录
96				9 层梁、板、梯钢筋安装检验批质量验收记录
97	主体结构（02）	混凝土结构（01）		9 层柱、剪力墙钢筋安装检验批质量验收记录
98				屋面梁、板、梯钢筋安装检验批质量验收记录
99				屋顶柱钢筋安装检验批质量验收记录
100				屋顶梁、板、梯钢筋安装检验批质量验收记录
101				1 层柱、剪力墙混凝土拌合物检验批质量验收记录
102				1 层梯混凝土拌合物检验批质量验收记录
103				2 层梁、板混凝土拌合物检验批质量验收记录
104				2 层柱、剪力墙混凝土拌合物检验批质量验收记录
105				2 层梯混凝土拌合物检验批质量验收记录
106			混凝土（03）	3 层梁、板混凝土拌合物检验批质量验收记录
107				3 层柱、剪力墙混凝土拌合物检验批质量验收记录
108				3 层梯混凝土拌合物检验批质量验收记录
109				4 层梁、板混凝土拌合物检验批质量验收记录
110				4 层柱、剪力墙混凝土拌合物检验批质量验收记录
111				4 层梯混凝土拌合物检验批质量验收记录
112				5 层梁、板混凝土拌合物检验批质量验收记录

续表

序号	分部工程质量验收记录	子分部工程质量验收记录	分项工程质量验收记录	检验批质量验收记录表格及验收部位
113				5 层柱、剪力墙混凝土拌合物检验批质量验收记录
114				5 层梯混凝土拌合物检验批质量验收记录
115				6 层梁、板混凝土拌合物检验批质量验收记录
116				6 层柱、剪力墙混凝土拌合物检验批质量验收记录
117				6 层梯混凝土拌合物检验批质量验收记录
118				7 层梁、板混凝土拌合物检验批质量验收记录
119				7 层柱、剪力墙混凝土拌合物检验批质量验收记录
120				7 层梯混凝土拌合物检验批质量验收记录
121			混凝土(03)	8 层梁、板混凝土拌合物检验批质量验收记录
122				8 层柱、剪力墙混凝土拌合物检验批质量验收记录
123				8 层梯混凝土拌合物检验批质量验收记录
124				9 层梁、板混凝土拌合物检验批质量验收记录
125	主体结构（02）	混凝土结构（01）		9 层柱、剪力墙混凝土拌合物检验批质量验收记录
126				9 层梯混凝土拌合物检验批质量验收记录
127				屋面梁、板混凝土拌合物检验批质量验收记录
128				屋顶柱混凝土拌合物检验批质量验收记录
129				屋顶楼梯混凝土拌合物检验批质量验收记录
130				屋顶梁、板混凝土拌合物检验批质量验收记录
131				1 层柱、剪力墙混凝土施工检验批质量验收记录
132				1 层梯混凝土施工检验批质量验收记录
133				2 层梁、板混凝土施工检验批质量验收记录
134				2 层柱、剪力墙混凝土施工检验批质量验收记录
135				2 层梯混凝土施工检验批质量验收记录
136			混凝土(03)	3 层梁、板混凝土施工检验批质量验收记录
137				3 层柱、剪力墙混凝土施工检验批质量验收记录
138				3 层梯混凝土施工检验批质量验收记录
139				4 层梁、板混凝土施工检验批质量验收记录
140				4 层柱、剪力墙混凝土施工检验批质量验收记录
141				4 层梯混凝土施工检验批质量验收记录

续表

序号	分部工程质量验收记录	子分部工程质量验收记录	分项工程质量验收记录	检验批质量验收记录表格及验收部位
142				5 层梁、板混凝土施工检验批质量验收记录
143				5 层柱、剪力墙混凝土施工检验批质量验收记录
144				5 层梯混凝土施工检验批质量验收记录
145				6 层梁、板混凝土施工检验批质量验收记录
146				6 层柱、剪力墙混凝土施工检验批质量验收记录
147				6 层梯混凝土施工检验批质量验收记录
148				7 层梁、板混凝土施工检验批质量验收记录
149				7 层柱、剪力墙混凝土施工检验批质量验收记录
150				7 层梯混凝土施工检验批质量验收记录
151			混凝土(03)	8 层梁、板混凝土施工检验批质量验收记录
152				8 层柱、剪力墙混凝土施工检验批质量验收记录
153				8 层梯混凝土施工检验批质量验收记录
154				9 层梁、板混凝土施工检验批质量验收记录
155	主体结构(02)	混凝土结构(01)		9 层柱、剪力墙混凝土施工检验批质量验收记录
156				9 层梯混凝土施工检验批质量验收记录
157				屋面梁、板混凝土施工检验批质量验收记录
158				屋顶柱混凝土施工检验批质量验收记录
159				屋顶楼梯混凝土施工检验批质量验收记录
160				屋顶梁、板混凝土施工检验批质量验收记录
161				1 层柱、剪力墙现浇结构外观质量及尺寸偏差检验批质量验收记录
162			混凝土现浇结构(04)	2 层梁、板、梯现浇结构外观质量及尺寸偏差检验批质量验收记录
163				2 层柱、剪力墙现浇结构外观质量及尺寸偏差检验批质量验收记录
164				3 层梁、板、梯现浇结构外观质量及尺寸偏差检验批质量验收记录
165				3 层柱、剪力墙现浇结构外观质量及尺寸偏差检验批质量验收记录

续表

序号	分部工程质量验收记录	子分部工程质量验收记录	分项工程质量验收记录	检验批质量验收记录表格及验收部位
166				4 层梁、板、梯现浇结构外观质量及尺寸偏差检验批质量验收记录
167				4 层柱、剪力墙现浇结构外观质量及尺寸偏差检验批质量验收记录
168				5 层梁、板、梯现浇结构外观质量及尺寸偏差检验批质量验收记录
169				5 层柱、剪力墙现浇结构外观质量及尺寸偏差检验批质量验收记录
170				6 层梁、板、梯现浇结构外观质量及尺寸偏差检验批质量验收记录
171				6 层柱、剪力墙现浇结构外观质量及尺寸偏差检验批质量验收记录
172				7 层梁、板、梯现浇结构外观质量及尺寸偏差检验批质量验收记录
173	主体结构（02）	混凝土结构（01）	混凝土现浇结构（04）	7 层柱、剪力墙现浇结构外观质量及尺寸偏差检验批质量验收记录
174				8 层梁、板、梯现浇结构外观质量及尺寸偏差检验批质量验收记录
175				8 层柱、剪力墙现浇结构外观质量及尺寸偏差检验批质量验收记录
176				9 层梁、板、梯现浇结构外观质量及尺寸偏差检验批质量验收记录
177				9 层柱、剪力墙现浇结构外观质量及尺寸偏差检验批质量验收记录
178				屋面梁、板、梯现浇结构外观质量及尺寸偏差检验批质量验收记录
179				屋顶柱现浇结构外观质量及尺寸偏差检验批质量验收记录
180				屋顶梁、板、梯现浇结构外观质量及尺寸偏差检验批质量验收记录

续表

序号	分部工程质量验收记录	子分部工程质量验收记录	分项工程质量验收记录	检验批质量验收记录表格及验收部位
181				1 层填充墙砌体工程检验批质量验收记录
182				2 层填充墙砌体工程检验批质量验收记录
183				3 层填充墙砌体工程检验批质量验收记录
184				4 层填充墙砌体工程检验批质量验收记录
185	主体结构（02）	砌体结构（02）	填充墙砌体（05）	5 层填充墙砌体工程检验批质量验收记录
186				6 层填充墙砌体工程检验批质量验收记录
187				7 层填充墙砌体工程检验批质量验收记录
188				8 层填充墙砌体工程检验批质量验收记录
189				9 层填充墙砌体工程检验批质量验收记录
190				梯间屋顶电梯机房填充墙砌体工程检验批质量验收记录

📖 结合工程实例（见本书所附图纸），在学习本情境各任务后，教师引导学生填写主体工程分部工程质量验收记录表、各子分部工程质量验收记录表、各分项工程质量验收记录表以及各检验批质量验收记录表。

任务一　混凝土结构子分部

知识构成

主体结构是指在房屋建筑中，基于地基与基础之上，由若干构件连接而成的能接受、承担和传递建设工程所有上部荷载，维持上部结构整体性、稳定性和安全性的有机联系的系统体系。它和地基基础一起共同构成建设工程完整的结构系统，是建设工程安全使用的基础，是建设工程结构安全、稳定、可靠的载体和重要组成部分。

根据《建筑工程施工质量验收统一标准》GB 50300—2013 的划分标准，主体结构分部划分为混凝土结构、砌体结构、钢结构、钢管混凝土结构、型钢混凝土结构、铝合金结构、木结构共 7 个子分部。混凝土结构子分部包含模板、钢筋、混凝土、预应力、现浇结构、装配式结构共 6 个分项工程。砌体结构子分部包含砖砌体、混凝土小型空心砌块砌体、石砌体、配筋砌体、填充墙砌体共 5 个分项工程。

课堂活动

📖 结合工程实例（见本书所附图纸）及表2-3，指导学生阅读图纸，引导学生分析并找出本工程案例中主体结构所包含的混凝土结构子分部、砌体结构子分部。通过讲解混凝土结构的施工工艺，结合工程资料软件，引导学生找出本工程案例中模板、钢筋、混凝土、现浇结构4个分项工程的相关施工质量验收表格。

📖 学生分组讨论，然后独立填写模板、钢筋、混凝土、现浇结构4个分项工程的相关施工质量验收表格。

1.柱、剪力墙施工过程中检验批质量验收记录

教师引导，学生分组讨论，根据构件的施工顺序创建并填写以下各种表格：

1）模板安装

（1）1层柱、剪力墙现浇结构模板安装检验批质量验收记录

现浇结构模板安装检验批质量验收记录

GB 50204—2015　　　　　　　　　　　　　　　　桂建质020101（Ⅰ） [0] [0] [1] （一）

单位（子单位）工程名称			分部（子分部）工程名称		主体结构（混凝土结构）	分项工程名称		模板
施工单位			项目负责人			检验批容量		
分包单位			分包单位项目负责人			检验批部位		
施工依据			《混凝土结构工程施工规范》GB 50666—2011		验收依据	《混凝土结构工程施工质量验收规范》GB 50204—2015		
	验收项目		设计要求及规范规定		样本总数	最小/实际抽样数量	检查记录	检查结果
主控项目	1	模板材料质量	模板及支架用材料的技术指标应符合国家现行有关标准的规定。进场时应抽样检验模板和支架材料的外观、规格和尺寸	检查质量证明文件；观察、尺量		按国家现行有关标准的规定确定	/	
	2	模板安装质量	现浇混凝土结构模板及支架的安装质量，应符合国家现行有关标准的规定和施工方案的要求	按国家现行有关标准的规定确定、执行				
	3	模板及支架设置	后浇带处的模板及支架应独立设置	观察		全数检查	/	

续表

	验收项目		设计要求及规范规定		样本总数	最小/实际抽样数量	检查记录	检查结果
主控项目	4	模板安装要求	土层应坚实、平整,其承载力或密实度应符合施工方案要求	观察;检查土层密实度检测报告、土层承载力验算或现场检测报告	全数检查	/		
			应有防水、排水措施;对冻胀性土,应有预防冻融措施			/		
			支架竖杆下应有底座或垫板			/		
一般项目	1	模板安装	模板的接缝应严密	观察	全数检查	/		
			模板内不应有杂物、积水或冰雪等			/		
			模板与混凝土的接触面应平整、清洁			/		
			用作模板的地坪、胎膜等应平整、清洁,不应有影响构件质量的下沉、裂缝、起砂或起鼓			/		
			对清水混凝土及装饰混凝土构件,应使用能达到设计效果的模板			/		

现浇结构模板安装检验批质量验收记录

GB 50204—2015

桂建质 020101（Ⅰ）　０　０　１（二）

	验收项目		设计要求及规范规定		样本总数	最小/实际抽样数量	检查记录	检查结果
一般项目	2	隔离剂的质量	隔离剂的品种和涂刷方法应符合施工方案的要求。隔离剂不得影响结构性能及装饰施工;不能沾污钢筋、预应力筋、预埋件和混凝土接槎处;不得对环境造成污染	检查质量证明文件;观察	全数检查	/		

81

续表

		验收项目	设计要求及规范规定		样本总数	最小/实际抽样数量	检查记录	检查结果
一般项目	3	模板起拱高度	模板的起拱应符合现行国家标准《混凝土结构工程施工规范》GB 50666 的规定，并应符合设计及施工方案的要求	按国家现行有关标准的规定确定、执行		在同一检验批内，对梁，跨度大于18 m时应全数检查，跨度不大于18 m时应抽查构件数量的10%且不少于3件；对板，应按有代表性的自然间抽查10%，且应不少于3间；对大空间结构，板可按纵横轴线划分检查面，抽查10%，且均不少于3面	/
	4	支模、支架要求	现浇混凝土结构多层连续支模应符合施工方案的规定。上下层模板支架的竖杆宜对准。竖杆下垫板的设置应符合施工方案的要求	观察	全数检查	/	
	5	预埋件和预留孔洞	固定在模板上的预埋件和预留孔洞不得遗漏，且应安装牢固。有抗渗要求的混凝土结构中的预埋件，应按设计及施工方案的要求采取防渗措施。预埋件和预留孔洞的位置应满足设计和施工方案的要求。当设计无具体要求时，其位置偏差应符合现行国家标准《混凝土结构工程施工质量验收规范》GB 50204 中表4.2.9的规定	观察，尺量		在同一检验批内，对梁、柱和独立基础，应抽查10%且不少于3件；对墙和板，应按有代表性的自然间抽查10%，且应不少于3间；对大空间结构，墙可按相邻轴线高度5 m左右划分检查面，板可按纵横轴线划分检查面，抽查10%，且均不少于3面	/

现浇结构模板安装检验批质量验收记录

GB 50204—2015

桂建质 020101（Ⅰ）[0][0][1]（三）

	验收项目			设计要求及规范规定		样本总数	最小/实际抽样数量	检查记录	检查结果
一般项目	6	预埋件预留孔洞的安装允许偏差（mm）	预埋钢板中心线位置	3	尺量	在同一检验批内，对梁、柱和独立基础，应抽查10%且不少于3件；对墙和板，应按有代表性的自然间抽查10%，且应不少于3间；对大空间结构，墙可按相邻轴线高度5 m左右划分检查面，板可按纵横轴线划分检查面，抽查10%，且均不少于3面		/	
			预埋管、预留孔中心线位置	3				/	
			插筋 中心线位置	5				/	
			插筋 外露长度	+10,0				/	
			预埋螺栓 中心线位置	2				/	
			预埋螺栓 外露长度	+10,0				/	
			预留洞 中心线位置	10				/	
			预留洞 尺寸	+10,0				/	
	7	现浇结构模板安装的允许偏差（mm）	轴线位置	5	尺量	在同一检验批内，对梁、柱和独立基础，应抽查10%且不少于3件；对墙和板，应按有代表性的自然间抽查10%，且应不少于3间；对大空间结构，墙可按相邻轴线高度5 m左右划分检查面，板可按纵横轴线划分检查面，抽查10%，且均不少于3面		/	
			底模上表面标高	±5	水准仪或拉线、尺量			/	
			模板内部尺寸 基础	±10	尺量			/	
			模板内部尺寸 柱、墙、梁	±5	尺量			/	
			模板内部尺寸 楼梯相邻踏步高差	5	尺量			/	
			柱、墙垂直度 ≤6 m	8	经纬仪或吊线、尺量			/	
			柱、墙垂直度 >6 m	10				/	
			相邻模板表面高低差	2	尺量			/	
			表面平整度	5	2 m靠尺和塞尺量测			/	

施工单位检查结果	专业工长： 项目专业质量检查员：　　　　　　　　　　　　　年　月　日
监理（建设）单位验收结论	专业监理工程师： （建设单位项目专业技术负责人）：　　　　　　　　　年　月　日

【填写说明】

依据《混凝土结构工程施工质量验收规范》GB 50204—2015,参照基础子分部中承台、基础梁现浇结构模板安装检验批质量验收记录表的填写说明。

(2)2至9层柱、剪力墙及屋顶层柱现浇结构模板安装检验批质量验收记录

要求学生参照1层柱、剪力墙现浇结构模板安装检验批质量验收记录的填写说明及方法,分组讨论,然后运用工程资料软件,在计算机上操作完成填写。

2)钢筋分项

(1)1层柱、剪力墙钢筋原材料检验批质量验收记录

钢筋原材料检验批质量验收记录

GB 50204—2015   桂建质020102(Ⅰ) | 0 | 0 | 1 |

单位(子单位)工程名称			分部(子分部)工程名称	主体结构(混凝土结构)	分项工程名称		钢筋
施工单位			项目负责人		检验批容量		
分包单位			分包单位项目负责人		检验批部位		
施工依据		《混凝土结构工程施工规范》GB 50666—2011		验收依据	《混凝土结构工程施工质量验收规范》GB 50204—2015		

验收项目		设计要求及规范规定		样本总数	最小/实际抽样数量	检查记录	检查结果
主控项目	1 钢筋质量	屈服强度、抗拉强度、伸长率、弯曲性能和重量偏差的检验结果应符合有关标准规定	检查质量证明文件和抽样检验报告;按进场批次和产品的抽样检验方案确定		/		
	2 成型钢筋质量	屈服强度、抗拉强度、伸长率、弯曲性能和重量偏差的检验结果应符合有关标准规定	检查质量证明文件和抽样检验报告;同一厂家、同一类型、同一钢筋来源的成型钢筋,不超过30 t为一批,每批中每种钢筋牌号、规格均应至少抽取1个钢筋试件,总数不应少于3个		/		
	3 抗震用钢筋强度实测值	抗拉强度实测值与屈服强度实测值的比值不应小于1.25	检查抽样检验报告;按进场的批次和产品的抽样检验方案确定		/		
		屈服强度实测值与屈服强度标准值的比值不应大于1.30			/		
		最大力下总伸长率不应小于9%			/		

续表

验收项目		设计要求及规范规定		样本总数	最小/实际抽样数量	检查记录	检查结果
一般项目	1 钢筋外观质量	平直、无损伤,表面应无裂纹、无油污、无颗粒状或片状老锈	观察;全数检查		/		
	2 成型钢筋外观质量和尺寸偏差	符合有关标准规定	观察,尺量;同一厂家、同一类型的成型钢筋,不超过30 t为一批,每批随机抽取3个成型钢筋		/		
	3 钢筋机械连接套筒、钢筋锚固板及预埋件等外观质量	符合有关标准规定	检查产品质量证明文件;观察,尺量;按国家现行有关标准的规定确定		/		
施工单位检查结果		专业工长: 项目专业质量检查员:					年　月　日
监理(建设)单位验收结论		专业监理工程师: (建设单位项目专业技术负责人):					年　月　日

【填写说明】

依据《混凝土结构工程施工质量验收规范》GB 50204—2015,参照基础子分部中承台、基础梁钢筋原材料检验批质量验收记录表的填写说明。

(2)2至9层柱、剪力墙及屋顶柱钢筋原材料检验批质量验收记录

要求学生参照1层柱、剪力墙钢筋原材料检验批质量验收记录的填写说明及方法,分组讨论,然后运用工程资料软件,在计算机上操作完成填写。

（3）1层柱、剪力墙钢筋加工检验批质量验收记录

钢筋加工检验批质量验收记录

GB 50204—2015　　　　　　　　　　　　　　桂建质 020102（Ⅱ）| 0 | 0 | 1 |（一）

单位（子单位）工程名称			分部（子分部）工程名称		主体结构（混凝土结构）	分项工程名称		钢筋
施工单位			项目负责人			检验批容量		
分包单位			分包单位项目负责人			检验批部位		
施工依据			《混凝土结构工程施工规范》GB 50666—2011		验收依据	《混凝土结构工程施工质量验收规范》GB 50204—2015		

	验收项目		设计要求及规范规定	样本总数	最小/实际抽样数量	检查记录	检查结果
主控项目	1	钢筋弯弧内直径	光圆钢筋,不应小于钢筋直径的2.5倍	尺量	/		
			400 MPa级带肋钢筋,不应小于钢筋直径的4倍		/		
			500 MPa级带肋钢筋,当直径为28 mm以下时不应小于钢筋直径的6倍,当直径为28 mm及以上时不应小于钢筋直径的7倍		同一设备加工的同一类型钢筋,每工作班抽查不应少于3件		
			箍筋弯折处尚不应小于纵向受力钢筋的直径		/		
	2	钢筋的弯折	纵向受力钢筋的弯折后平直段长度应符合设计要求。光圆钢筋末端做180°弯钩时,弯钩的平直段长度不应小于钢筋直径的3倍	尺量	同一设备加工的同一类型钢筋,每工作班抽查不应少于3件	/	
	3	弯钩要求	对一般结构构件,箍筋弯钩弯折角度不应小于90°,弯折后平直段长度不应小于箍筋直径的5倍;对有抗震设防要求或设计有专门要求的结构构件,箍筋弯钩的弯折角度不应小于135°,弯折后平直段长度不应小于箍筋直径的10倍	尺量	同一设备加工的同一类型钢筋,每工作班抽查不应少于3件	/	

钢筋加工检验批质量验收记录

GB 50204—2015　　　　　　　　　　　　　　　桂建质 020102（Ⅱ）　0　0　1　（二）

		验收项目	设计要求及规范规定		样本总数	最小/实际抽样数量	检查记录	检查结果
主控项目	3	弯钩要求	圆形箍筋的搭接长度不应小于其受拉锚固长度,且两末端弯钩弯折角度不应小于135°,弯折后平直段长度对一般结构构件不应小于箍筋直径的5倍;对有抗震设防要求的结构构件,不应小于箍筋直径的10倍	尺量		同一设备加工的同一类型钢筋,每工作班抽查不应少于3件	/	
			梁、柱复合箍筋中的单肢箍筋两端弯钩的弯折角度均不应小于135°,弯折后平直段长度应符合本条第1款对箍筋的有关规定				/	
	4	调直钢筋的力学性能和重量偏差	盘卷钢筋调直后应进行力学性能和重量偏差检验,其强度应符合国家现行有关标准的规定;其断后伸长率、重量偏差应符合现行国家标准《混凝土结构工程施工质量验收规范》GB 50204中表5.3.4的规定	尺量		同一设备加工的同一牌号、同一规格的调直钢筋,重量不大于30 t为一批;每批见证抽取3个试件	/	
一般项目	1	钢筋加工偏差	受力钢筋沿长度方向的净尺寸　±10 mm	尺量		同一设备加工的同一类型钢筋,每工作班抽查不应少于3件	/	
			弯起钢筋的弯折位置　±20 mm				/	
			箍筋外廓尺寸　±5 mm				/	
施工单位检查结果			专业工长: 项目专业质量检查员:					年　月　日
监理(建设)单位验收结论			专业监理工程师: (建设单位项目专业技术负责人):					年　月　日

【填写说明】

依据《混凝土结构工程施工质量验收规范》GB 50204—2015,参照基础子分部中承台、基础梁钢筋加工检验批质量验收记录表的填写说明。

(4)2至9层柱、剪力墙及屋顶层柱钢筋加工检验批质量验收记录

要求学生参照1层柱、剪力墙钢筋安装检验批质量验收记录的填写说明及方法,分组讨论,然后运用工程资料软件,在计算机上操作完成填写。

(5)1层柱、剪力墙钢筋连接检验批质量验收记录

钢筋连接检验批质量验收记录

GB 50204—2015   桂建质 010202(Ⅲ) | 0 | 0 | 1 |(一)

单位(子单位)工程名称			分部(子分部)工程名称		主体结构(混凝土结构)		分项工程名称		钢筋
施工单位			项目负责人				检验批容量		
分包单位			分包单位项目负责人				检验批部位		
施工依据		《混凝土结构工程施工规范》GB 50666—2011			验收依据		《混凝土结构工程施工质量验收规范》GB 50204—2015		

	验收项目		设计要求及规范规定			样本总数	最小/实际抽样数量	检查记录	检查结果
主控项目	1	钢筋连接方式	钢筋连接方式应符合设计要求	观察	全数检查		/		
	2	机械连接接头、焊接接头的力学性能、弯曲性能	钢筋采用机械连接或焊接连接时,钢筋机械连接接头、焊接接头的力学性能、弯曲性能应符合国家现行有关标准的规定。接头试件应从工程实体中截取	检查质量证明文件和抽样检验报告	按现行行业标准《钢筋机械连接技术规程》JGJ 107和《钢筋焊接及验收规程》JGJ 18的规定确定		/		
	3	螺纹接头直径	钢筋采用机械连接时,螺纹接头应检验拧紧扭矩值,挤压接头应量测压痕直径,检查结果应符合现行行业标准《钢筋机械连接技术规程》JGJ 107的相关规定	采用专用扭力扳手或专用量规检查	按现行行业标准《钢筋机械连接技术规程》JGJ 107的规定确定		/		

续表

	验收项目	设计要求及规范规定		样本总数	最小/实际抽样数量	检查记录	检查结果
一般项目	1 钢筋接头的位置	钢筋接头的位置应符合设计和施工方案要求。有抗震设防的结构中,梁端、柱端箍筋加密区内不应进行钢筋搭接。接头末端至钢筋弯起点的距离不应小于钢筋直径的10倍	以观察、钢尺方法全数检查		/		
	2 钢筋机械连接接头、焊接接头的外观质量	钢筋机械连接接头、焊接接头的外观质量应符合现行行业标准《钢筋机械连接技术规程》JGJ 107和《钢筋焊接及验收规程》JGJ 18的规定	观察,尺量	按现行行业标准《钢筋机械连接技术规程》JGJ 107和《钢筋焊接及验收规程》JGJ 18的规定确定		/		

钢筋连接检验批质量验收记录

GB 50204—2015　　　　　　　　　　　　　　　　桂建质 010202(Ⅲ) ⬚0⬚ ⬚0⬚ ⬚1⬚ (二)

	验收项目	设计要求及规范规定		样本总数	最小/实际抽样数量	检查记录	检查结果
一般项目	3 机械连接时的接头面积百分率	当纵向受力钢筋采用机械连接接头时,同一连接区段内的纵向受力钢筋的接头面积百分率符合设计要求	观察,尺量	同一检验批,梁、柱、独立基础,应抽查构件数量的10%,且不少于3件;墙、板,应按有代表性自然间抽查10%,且不少于3间;对大空间结构,墙可按相邻轴线高度5 m左右划分检查面,板可按纵横轴线划分检查面,抽查10%,且均不少于3面	/		
		设计无要求时,应符合:①受拉接头,不宜大于50%;受压接头,可不受限制。②直接承受动力荷载的结构构件中,不宜采用焊接;当采用机械连接时,不应超过50%			/		
	4 绑扎搭接时的接头设置	接头的横向净间距不应小于钢筋直径,且不应小于25 mm			/		

续表

	验收项目		设计要求及规范规定			样本总数	最小/实际抽样数量	检查记录	检查结果
一般项目	4	绑扎搭接时的接头设置	同一连接区段内纵向受拉钢筋接头面积百分率应符合设计要求。当设计无具体要求时,应符合下列规定:①梁类、板类及墙类构件,不宜超过25%;基础筏板,不宜超过50%。②柱类构件,不宜超过50%。③当工程中确有必要增大接头面积百分率时,对梁类构件,不应大于50%	观察,尺量	同一检验批,梁、柱、独立基础,应抽查构件数量的10%,且不少于3件;墙、板,应按有代表性自然间抽查10%,且不少于3间;对大空间结构,墙可按相邻轴线高度5 m左右划分检查面,板可按纵横轴线划分检查面,抽查10%,且均不少于3面		/	
	5	箍筋的设置	符合设计要求	设计无要求时	观察,尺量	在同一检验批内,应抽查构件数量的10%,且不应小于3件		/	
			箍筋直径不应小于搭接钢筋较大直径的1/4					/	
			受拉搭接区段的箍筋间距不应大于搭接钢筋较小直径的5倍,且不应大于100 mm					/	
			受压搭接区段的箍筋间距不应大于搭接钢筋较小直径的10倍,且不应大于200 mm					/	
			当柱中纵向受力钢筋直径大于25 mm时,应在搭接接头两个端面外100 mm范围内各设置二道箍筋,其间距宜为50 mm					/	
	施工单位检查结果		专业工长: 项目专业质量检查员:					年 月 日	

监理(建设)单位 验收结论	专业监理工程师： (建设单位项目专业技术负责人)：	年　月　日

【填写说明】

依据《混凝土结构工程施工质量验收规范》GB 50204—2015,参照基础子分部中承台、基础梁钢筋连接检验批质量验收记录表的填写说明。

(6)2 至 9 层柱、剪力墙及屋顶层柱钢筋连接检验批质量验收记录

要求学生参照 1 层柱、剪力墙钢筋连接检验批质量验收记录的填写说明及方法,分组讨论,然后运用工程资料软件,在计算机上操作完成填写。

(7)1 层柱、剪力墙钢筋安装检验批质量验收记录

钢筋安装检验批质量验收记录

GB 50204—2015　　　　　　　　　　　　　　　　　　桂建质 020102(Ⅳ) ☐0☐0☐1

单位(子单位) 工程名称				分部(子分部) 工程名称		主体结构 (混凝土结构)		分项工程 名称		钢筋
施工单位				项目负责人				检验批容量		
分包单位				分包单位 项目负责人				检验批部位		
施工依据			《混凝土结构工程施工规范》 GB 50666—2011		验收依据		《混凝土结构工程施工质量验收规范》 GB 50204—2015			
	验收项目		设计要求及规范规定			样本 总数	最小/实际 抽样数量	检查记录		检查 结果
主控项目	1	受力钢筋牌号、规格和数量	钢筋安装时,受力钢筋牌号、规格、数量必须符合设计要求	观察、尺量	全数检查		/			
	2	受力钢筋的安装位置、锚固方式	受力钢筋的安装位置、锚固方式应符合设计要求	观察、尺量	全数检查		/			
一般项目	1	钢筋安装位置允许偏差(mm)	绑扎钢筋网	长、宽	±10	尺量	同一检验批,梁、柱、独立基础,应抽查构件数量的10%,且不少于3件;	/		
				网眼尺寸	±20	尺量连续三档,取最大偏差值		/		

91

续表

	验收项目	设计要求及规范规定				样本总数	最小/实际抽样数量	检查记录	检查结果
一般项目	1 钢筋安装位置允许偏差(mm)	绑扎钢筋骨架	长	±10	尺量		/		
			宽、高	±5			/		
		纵向受力钢筋	锚固长度	−20	尺量两端、中间各一点,取最大偏差值	墙、板,应按有代表性自然间抽查10%,且不少于3间;对大空间结构,墙可按相邻轴线高度5 m左右划分检查面,板可按纵横轴线划分检查面,抽查10%,且均不少于3面	/		
			间距	±10			/		
			排距	±5			/		
		纵向受力钢筋、箍筋的混凝土保护层厚度	基础	±10	尺量		/		
			柱、梁	±5					
			板、墙、壳	±3			/		
		绑扎箍筋、横向钢筋间距		±20	尺量连续三档,取最大偏差值		/		
		钢筋弯起点位置		20	尺量		/		
		预埋件	中心线位置	5			/		
			水平高差	+3,0	塞尺量测		/		
施工单位检查结果		专业工长: 项目专业质量检查员: 年 月 日							
监理(建设)单位验收结论		专业监理工程师: (建设单位项目专业技术负责人): 年 月 日							

【填写说明】

依据《混凝土结构工程施工质量验收规范》GB 50204—2015,参照基础子分部中承台、基础梁钢筋安装检验批质量验收记录表的填写说明。

(8)2 至 9 层柱、剪力墙及屋顶层柱钢筋安装检验批质量验收记录

要求学生参照 1 层柱、剪力墙钢筋安装检验批质量验收记录的填写说明及方法,分组讨论,然后运用工程资料软件,在计算机上操作完成填写。

3)混凝土施工过程

(1)1 层柱、剪力墙混凝土拌合物检验批质量验收记录

混凝土拌合物检验批质量验收记录

GB 50204—2015　　　　　　　　　　　　　　　　桂建质 020103(Ⅱ) ☐0☐0☐1 (一)

单位(子单位)工程名称			分部(子分部)工程名称		主体结构(混凝土结构)	分项工程名称		混凝土
施工单位			项目负责人			检验批容量		
分包单位			分包单位项目负责人			检验批部位		
施工依据			《混凝土结构工程施工规范》GB 50666—2011		验收依据	《混凝土结构工程施工质量验收规范》GB 50204—2015		
	验收项目		设计要求及规范规定		样本总数	最小/实际抽样数量	检查记录	检查结果
主控项目	1	预拌混凝土质量	预拌混凝土进场时,其质量应符合现行国家标准《预拌混凝土》GB/T 14902 的规定	检查质量证明文件	全数检查	/		
	2	混凝土拌合物	混凝土拌合物不应离析	观察	全数检查	/		
	3	混凝土碱含量	混凝土中氯离子含量和碱总含量应符合现行国家标准《混凝土结构设计规范》GB 50010 的规定和设计要求	检查原材料试验报告和氯离子、碱的总含量计算书	同一配合比的混凝土检查不少于 1 次	/		
	4	混凝土配合比开盘鉴定	首次使用的混凝土配合比应进行开盘鉴定,其原材料、强度、凝结时间、稠度等应满足设计配合比的要求	检查开盘鉴定资料和强度试验报告	同一配合比的混凝土检查不少于 1 次	/		

混凝土拌合物检验批质量验收记录

GB 50204—2015 桂建质 020103（Ⅱ） 0 0 1 （二）

	验收项目	设计要求及规范规定		样本总数	最小/实际抽样数量	检查记录	检查结果
一般项目	1 混凝土拌合物稠度	混凝土拌合物稠度应满足施工方案的要求	检查质量证明文件和抽样检验报告		对同一配合比混凝土,取样与试件留置应符合下列规定:①每100盘且不超过100 m³时,取样不少于一次;②每工作班拌制不足100盘时,取样不得少于一次;③连续浇筑超过1 000 m³时,每200 m³取样不得少于一次;④每一楼层取样不得少于一次	/	
	2 混凝土耐久性检验	混凝土有耐久性指标要求时,应符合国家现行有关标准的规定和设计要求	检查试件耐久性试验报告		同一配合比的混凝土,取样不应少于一次,留置试件数量应符合国家现行标准《普通混凝土长期性能和耐久性能试验方法标准》GB/T 50082 和《混凝土耐久性检验评定标准》JGJ/T 193 的规定	/	
	3 抗冻混凝土含气量检验	混凝土有抗冻要求时,应在施工现场进行混凝土含气量检验,其检验结果应符合国家现行有关标准的规定和设计要求	检查混凝土含气量试验报告		同一配合比的混凝土,取样不应少于一次,取样数量应符合现行国家标准《普通混凝土拌合物性能试验方法标准》GB/T 50080 的规定	/	
施工单位检查结果		专业工长: 项目专业质量检查员:					年　月　日
监理(建设)单位验收结论		专业监理工程师: (建设单位项目专业技术负责人):					年　月　日

【填写说明】

依据《混凝土结构工程施工质量验收规范》GB 50204—2015,可参照基础子分部中承台、基础梁混凝土拌合物检验批质量验收记录表的填写说明。

(2)2 至 9 层柱、剪力墙及屋层顶柱混凝土拌合物检验批质量验收记录

要求学生参照 1 层柱、剪力墙混凝土拌合物检验批质量验收记录的填写说明及方法,分组讨论,然后运用工程资料软件,在计算机上操作完成填写。

(3)1 层柱、剪力墙混凝土施工检验批质量验收记录

混凝土施工检验批质量验收记录

GB 50204—2015

桂建质020103(Ⅲ) [0][0][1]

单位(子单位) 工程名称		分部(子分部) 工程名称	主体结构 (混凝土结构)	分项工程 名称	混凝土
施工单位		项目负责人		检验批容量	
分包单位		分包单位 项目负责人		检验批部位	
施工依据		《混凝土结构工程施工规范》 GB 50666—2011	验收依据	《混凝土结构工程施工质量验规范》 GB 50204—2015	

		验收项目	设计要求及规范规定		样本 总数	最小/实际 抽样数量	检查记录	检查 结果
主控项目	1	混凝土取样和留置	混凝土的强度等级必须符合设计要求。用于检验混凝土强度的试件应在浇筑地点随机抽取	检查施工记录及混凝土强度试验报告	对同一配合比混凝土,取样与试件留置应符合下列规定:①每100盘且不超过100 m³的同配合比取样不少于一次;②每工作班的同配合比不足100盘取样不少于一次;③当一次连续浇筑超过1 000 m³时,同一配合比每200 m³取样不少于一次;④每一楼层、同一配合比取样不少于一次;⑤每次取样至少留置一组试件	/	

续表

		验收项目	设计要求及规范规定		样本总数	最小/实际抽样数量	检查记录	检查结果
一般项目	1	后浇带的留设位置及处理方法	后浇带的留设位置应符合设计要求。后浇带和施工缝的留设及处理方法应符合施工方案要求	观察	全数检查		/	
	2	混凝土养护	养护时间以及养护方法应符合施工方案要求	观察，检查混凝土养护记录	全数检查		/	
施工单位检查结果								
			专业工长： 项目专业质量检查员：　　　　　　　　　　　　　　　　年　月　日					
监理(建设)单位验收结论								
			专业监理工程师： (建设单位项目专业技术负责人)：　　　　　　　　　　　年　月　日					

【填写说明】

依据《混凝土结构工程施工质量验收规范》GB 50204—2015,可参照基础子分部中承台、基础梁混凝土施工检验批质量验收记录表的填写说明。

(4)2至9层柱、剪力墙及屋顶层柱混凝土施工检验批质量验收记录

要求学生参照1层柱、剪力墙混凝土施工检验批质量验收记录的填写说明及方法,分组讨论,然后运用工程资料软件,在计算机上操作完成填写。

4）混凝土现浇结构分项

（1）1层柱、剪力墙现浇结构外观质量及尺寸偏差检验批质量验收记录

现浇结构外观质量及尺寸偏差检验批质量验收记录

GB 50204—2015　　　　　　　　　　　　　　　　桂建质 020105（Ⅰ）$\boxed{0}$ $\boxed{0}$ $\boxed{1}$（一）

单位(子单位)工程名称			分部(子分部)工程名称		主体结构（混凝土结构）	分项工程名称		现浇结构
施工单位			项目负责人			检验批容量		
分包单位			分包单位项目负责人			检验批部位		
施工依据			《混凝土结构工程施工规范》GB 50666—2011		验收依据	《混凝土结构工程施工质量验收规范》GB 50204—2015		

	验收项目		设计要求及规范规定	样本总数	最小/实际抽样数量	检查记录		检查结果
主控项目	1	外观质量	现浇结构的外观质量不应有严重缺陷。对已经出现的严重缺陷,应由施工单位提出技术处理方案,并经监理单位认可后进行处理;对裂缝、连接部位出现的严重缺陷及其他影响结构安全的严重缺陷,技术处理方案尚应经设计单位认可。对经处理的部位应重新验收	观察,检查处理记录	全数检查	/		
	2	现浇结构的尺寸偏差	现浇结构不应有影响结构性能或使用功能的尺寸偏差;混凝土设备基础不应有影响结构性能和设备安装的尺寸偏差。对超过尺寸允许偏差且影响结构性能和安装、使用功能的部位,应由施工单位提出技术处理方案,经监理、设计单位认可后进行处理。对经处理的部位应重新验收	量测,检查处理记录	全数检查	/		
一般项目	1	外观质量一般缺陷	现浇结构的外观质量不应有一般缺陷。对已经出现的一般缺陷,应由施工单位按技术处理方案进行处理。对经处理的部位应重新验收	观察,检查处理记录	全数检查	/		

现浇结构外观质量及尺寸偏差检验批质量验收记录

GB 50204—2015

桂建质 020105（Ⅰ）｜0｜0｜1｜（二）

验收项目				设计要求及规范规定		样本总数	最小/实际抽样数量	检查记录	检查结果
一般项目	2现浇结构位置和尺寸允许偏差(mm)	轴线位置	整体基础	15	经纬仪及尺量	按楼层、结构缝或施工段划分检验批。在同一检验批内，对梁、柱和独立基础，抽查构件数量的10%，并不少于3件；对墙和板，按有代表性的自然间抽查10%，并不少于3间；对大空间结构，墙按相邻轴线间高度5 m左右划分检查面，板按纵横轴线划分检查面，抽查10%，并均不少于3面；对电梯井，应全数检查		/	
			独立基础	10				/	
			柱、墙、梁	8	尺量			/	
		垂直度	柱、墙层高 ≤6 m	10	经纬仪或吊线、尺量			/	
			>6 m	12				/	
			全高(H)≤300 m	H/30 000 +20	经纬仪、尺量			/	
			全高(H)>300 m	H/10 000 且≤80				/	
		标高	层高	±10	水准仪或拉线、尺量			/	
			全高	±30				/	
		截面尺寸	基础	+15, -10	尺量			/	
			柱	+10, -5				/	
			梁	+10, -5				/	
			板	+10, -5				/	
			墙	+10, -5				/	
			楼梯相邻踏步高差	±6				/	
		电梯井	中心位置	10				/	
			长、宽尺寸	+25,0				/	
		表面平整度		8	2 m靠尺和塞尺量测			/	
		预埋件中心位置	预埋板	10	尺量			/	
			预埋螺栓	5				/	
			预埋管	5				/	
			其他	10				/	
		预留洞、孔中心线位置		15				/	
施工单位检查结果				专业工长： 项目专业质量检查员：				年　月　日	

续表

监理(建设)单位 验收结论	
	专业监理工程师： （建设单位项目专业技术负责人）：　　　　　　　　　　　年　月　日

【填写说明】

依据《混凝土结构工程施工质量验收规范》GB 50204—2015,可参照基础子分部中承台、基础梁现浇结构外观质量及尺寸偏差检验批质量验收记录表的填写说明。

(2)2 至 9 层柱、剪力墙及屋顶层柱现浇结构外观质量及尺寸偏差检验批质量验收记录

要求学生参照 1 层柱、剪力墙现浇结构外观质量及尺寸偏差检验批质量验收记录的填写说明及方法,分组讨论,然后运用工程资料软件,在计算机上操作完成填写。

2．梁、板、梯施工过程中检验批质量验收记录

教师引导,学生分组讨论,根据构件的施工顺序,运用工程资料软件在计算机上创建表格,参照柱、剪力墙检验批表格的填写说明及方法填列完成各种表格。

3．混凝土结构子分部所包含的分项工程质量验收记录

在分项工程所含检验批验收完毕后,教师引导,学生分组讨论,运用工程资料软件,在计算机上进行操作并完成各分项表格的填写。

1)模板分项

模板分项工程质量验收记录

桂建质(分项 A 类)

单位(子单位) 工程名称			分部(子分部) 工程名称			
检验批数量			分项工程专业 质量检查员			
施工单位			项目负责人		项目技术 负责人	
分包单位			分包单位 项目负责人		分包内容	
序号	检验批名称	检验批容量	部位/区段	施工单位检查结果	监理(建设)单位 验收意见	
1						
2						
3						

续表

序号	检验批名称	检验批容量	部位/区段	施工单位检查结果	监理(建设)单位验收意见
4					
5					
6					
7					
8					
9					
10					
11					
12					

说明:	
施工单位 检查结果	项目专业技术负责人: 年　月　日
监理(建设)单位 验收结论	专业监理工程师: (建设单位项目专业技术负责人): 年　月　日

注:本表(分项A类)适用于不涉及全高垂直度检查、无特殊要求的分项工程。混凝土现浇结构、混凝土装配结构、砖砌体、混凝土小型空心砌块砌体、石砌体分项工程质量验收记录使用分项B类表格。

2）钢筋分项

钢筋分项工程质量验收记录

桂建质（分项 A 类）

单位（子单位）工程名称			分部（子分部）工程名称			
检验批数量			分项工程专业质量检查员			
施工单位			项目负责人		项目技术负责人	
分包单位			分包单位项目负责人		分包内容	
序号	检验批名称	检验批容量	部位/区段	施工单位检查结果		监理（建设）单位验收意见
1						
2						
3						
4						
5						
6						
7						
8						
9						
10						
11						
12						

说明：

施工单位检查结果	项目专业技术负责人： 年　月　日
监理（建设）单位验收结论	专业监理工程师： （建设单位项目专业技术负责人：） 年　月　日

注：本表（分项 A 类）适用于不涉及全高垂直度检查、无特殊要求的分项工程。混凝土现浇结构、混凝土装配结构、砖砌体、混凝土小型空心砌块砌体、石砌体分项工程质量验收记录使用分项 B 类表格。

3)混凝土分项

混凝土分项工程质量验收记录

桂建质(分项 A 类)

单位(子单位) 工程名称			分部(子分部) 工程名称			
检验批数量			分项工程 专业质量检查员			
施工单位			项目负责人		项目技术 负责人	
分包单位			分包单位 项目负责人		分包内容	
序号	检验批名称	检验批容量	部位/区段	施工单位检查结果	监理(建设)单位 验收意见	
1						
2						
3						
4						
5						
6						
7						
8						
9						
10						
11						
12						
说明:						
施工单位 检查结果				项目专业技术负责人: 　　　　年　月　日		
监理(建设)单位 验收结论				专业监理工程师: (建设单位项目专业技术负责人:) 　　　　年　月　日		

注:本表(分项 A 类)适用于不涉及全高垂直度检查、无特殊要求的分项工程。混凝土现浇结构、混凝土装配结构、砖砌
　　体、混凝土小型空心砌块砌体、石砌体分项工程质量验收记录使用分项 B 类表格。

4）混凝土现浇结构分项

混凝土现浇结构分项工程质量验收记录

GB 50300　GB 50204

桂建质（分项 B 类）-01

单位（子单位）工程名称		分部（子分部）工程名称			
检验批数量		分项工程专业质量检查员			
施工单位		项目负责人		项目技术负责人	
分包单位		分包单位项目负责人		分包内容	

序号	检验批名称	检验批容量	部位/区段	施工单位检查结果	监理（建设）单位验收意见
1					
2					
3					
4					
5					
6					
7					
8					
9					
10					
11					
12					
13					
全高垂直度	允许偏差	结构全高（H）	≤H/1 000 且≤30 mm	经纬仪、钢尺检查	
		电梯井全高（H）		吊线、钢尺检查	
全高标高		±30 mm		水准仪、拉线、钢尺	

续表

说明:	
施工单位 检查结果	项目专业技术负责人： 　　　　年　月　日
监理（建设）单位 验收结论	专业监理工程师： （建设单位项目专业技术负责人）： 　　　　年　月　日

注：1. 全高垂直度检查方法：用经纬仪或其他仪器测量，配合吊线、钢尺检查。

　　2. 检查数量：外墙检查阳角不少于 4 处，取大值。

4. 施工配套用表

1）混凝土结构子分部工程结构实体钢筋保护层厚度验收记录

混凝土结构子分部工程
结构实体钢筋保护层厚度验收记录

GB 50204—2015 　　　　　　　　　　　　　　　　　　　　桂建质（附）0201-02

工程名称										结构类型		
施工单位				项目负责人						项目技术负责人		
序号	构件	设计值或设计规 范要求值(mm)	实测值(mm)							合格 点率	评定 结果	监理（建设）单位 验收结果
1												
2												
3												
4												
5												
6												
7												
8												
9												
10												

续表

序号	构件	设计值或设计规范要求值(mm)	实测值(mm)						合格点率	评定结果	监理(建 设)单位验收结果
11											
12											
13											
14											
15											
16											
17											
18											
19											
20											
检查结论	施工单位 项目专业技术负责人： 年　月　日					验收结论	监理工程师： (建设单位项目专业技术负责人) 年　月　日				

注:具体要求见下。

混凝土结构子分部工程
结构实体钢筋保护层厚度验收记录

GB 50204—2015　　　　　　　　　　　　　　　　　　桂建质(附)0201-02

E.0.1 结构实体钢筋保护层厚度检验构件的选取应均匀分布,并应符合下列规定:

1. 对非悬挑梁板类构件,应抽取构件数量的2%且不少于5个构件进行检验。

2. 对悬挑梁,应抽取构件数量的5%且不少于10个构件进行检验;当悬挑梁数量少于10个时,应全数检查。

3. 对悬挑板,应抽取构件数量的10%且不少于20个构件进行检验;当悬挑板数量少于20个时,应全数检查。

E.0.2 对选定的梁类构件,应对全部纵向受力钢筋的保护层厚度进行检验;对选定的板类构件,应抽取不少于6根纵向钢筋的保护层厚度进行检验。对每根钢筋,应选择有代表性的不同部位测量3点取平均值。

E.0.3 钢筋保护层厚度的检验,可采用非破损或局部破损的方法,也可采用非破损方法并用局部破损方法进行校准。当采用非破损方法检验时,所使用的检测仪器应经过计量检验,检测操作应符合相应规程的规定。

钢筋保护层厚度的检测误差不应大于1 mm。

E.0.4 检验钢筋保护层厚度时,纵向受力钢筋保护层厚度的允许偏差,对梁类构件为+10 mm,-7 mm;对板类构件为+8 mm,-5 mm。

E.0.5 对梁类、板类构件纵向受力钢筋的保护层厚度应分别进行验收,应符合下列规定:

1. 当全部钢筋保护层厚度检验的合格点率为90%及以上时,可判为合格。

2. 当全部钢筋保护层厚度检验的合格点率小于90%但不小于80%,可再抽取相同数量的构件进行检验;当按两次抽样总和计算的合格点率为90%及以上时,可判为合格。

3. 每次抽样检验结果中不合格点的最大偏差均不应大于本规范附录E.0.4条规定允许偏差的1.5倍。

2)商品混凝土施工记录表

商品混凝土施工记录

天气:　　　　　　　　　气温:　　　℃　　　　　　　　　编号:××-××-C4-×××

工程名称				部位	
施工单位		施工班组		标高	m
混凝土强度等级、抗渗等级		配合比报告编号		当班浇捣量	m³
商品混凝土生产厂名称		质量证明文件是否齐全		实测坍落度	\ \ mm
当班开始时间	年 月 日时 分	停歇时间	1. 不间断。2. 从 时 分停止至 时 分开始	当班终止时间	年 月 日时 分
模板及支撑体系是否已验收,是否牢固,是否可能漏浆		钢筋及其他预埋预留是否已验收		原材料是否已验收,并符合要求	
钢筋定位措施是否可靠(板负筋及底筋、柱插筋、预留筋)		是否已有控制板标高、厚度的措施		模板是否已涂隔离剂,已淋湿,已清理干净	
振捣方式	插入式( ),平板式( )				
中途有否停歇	/	停歇部位	/	停歇原因	/
施工缝(如果有)位置	/	施工缝处理方法	/		
标准养护试块	编号:28天强度:	同条件养护试块	编号:600℃·d强度:	拆模判别试块	编号:拆模时强度:
初次淋水养护时间	年 月 日时 分	覆盖养护措施		结束养护时间	年 月 日结束,共 天
拆侧模日期	预计: 年 月 日实际: 年 月 日	拆底模日期		预计: 年 月 日实际: 年 月 日	
其他情况(包括事故处理、必要时附图):					
签字栏	混凝土施工班组负责人		施工单位专业质量员		专业监理工程师

3) 隐蔽工程检查验收记录

隐蔽工程检查验收记录

工程名称：　　　　　　　　　　　　　　　　　　　　编号：××-××-C4-×××

施工单位		被隐蔽工程所属检验批名称			
		覆盖物所属检验批名称			
隐蔽部位		施工时间	自　年　月　日 至　年　月　日		
隐蔽内容及要求			（隐蔽什么，是否符合设计及规范要求）		
隐蔽原因			（隐蔽内容被什么覆盖）		
签字栏	建设（监理）单位	施工单位			
		专业技术负责人	专业质量员	专业工长	

【填写说明】

（1）适用范围

本表适用于各专业依规范规定要求进行隐蔽工程检查的验收项目。本表为通用表，由施工单位专业技术负责人组织专业质量员、专业工长填写，监理（建设）单位专业监理工程师审核签认。

（2）填表注意事项

①隐检程序：隐蔽工程检查是保证工程质量与安全的重要过程控制检查，应分专业（土建专业、给水排水专业、电气专业、通风空调专业等）、分系统（机电工程）、分区段（划分的施工段）、分部位（主体结构、装饰装修等）、分工序（钢筋工程、防水工程等）、分层进行。

②隐蔽部位：按照实际检查部位填写，如"＿＿＿＿＿＿层"应填写"地上/地下＿＿＿＿＿＿层"，"＿＿＿＿＿＿轴"填写横起至横止轴/纵起至纵止轴，轴线数字码、英文码标注应带圆圈，"＿＿＿＿＿标高"填写墙柱梁板等的起止标高或顶标高。

③隐检内容及要求:应将隐检的项目、具体内容描述清楚,如主要原材料的复试报告单编号、主要连接件的复试报告单编号、主要施工方法。若文字不能表述清楚时,可用示意简图进行说明。

④隐蔽原因:应将隐蔽内容被什么覆盖描述清楚。

⑤隐蔽工程施工完毕后,由专业工长填写隐检记录,并报请监理单位进行验收。验收后由监理单位签署审核意见。

4)同条件养护混凝土试件积温记录

同条件养护混凝土试件积温记录

工程名称:　　　　　　　　　　　　　　　　　　　　　　编号:××-××-C4-×××

施工单位					
结构部位				试件制作时间	
混凝土设计强度等级				记录人	
序号	日期	养护温度(℃)			日平均气温	备注
		最低	最高	日平均温度	逐日累计值(℃)	
监理单位				时间	

5) 楼层平面放线及标高测量记录

楼层平面放线及标高测量记录

编号：××-××-C4-×××

工程名称：

施工单位		测量仪器型号	
放线部位		楼层轴线控制点	
放线依据：			
楼层标高：			
简图：(楼层轴线、控制线、标高)（在图上标注出实测标高）			
施工单位检查意见： 项目专业负责人：			
监理单位检查意见： 专业监理工程师：			

6) 混凝土结构子分部工程实体混凝土强度验收记录

混凝土结构子分部工程实体混凝土强度验收记录（同条件养护）

编号：×××-××-C5-×××

工程名称							

序号	试块代表部位	试块报告编号	龄期 (d)	试块组强度 (N/mm^{-2}) 实测平均值	$f_{cu,i}$=实测平均值/0.88	强度等级 数理统计 ($n \geq 10$): $m_{fcu} \geq f_{cu,k} + \lambda_1 \times s_{fcu}$; $f_{cu,min} \geq \lambda_2 \times f_{cu,k}$ 非数理统计 ($n < 10$): $m_{fcu} \geq \lambda_3 \times f_{cu,k}$; $f_{cu,min} \geq \lambda_4 \times f_{cu,k}$	

养护方法：同条件养护

n	10~14	15~19	≥20	设计等级	<C60	≥C60
λ_1	1.15	1.05	0.95	λ_3	1.15	1.10
λ_2	0.90	0.85		λ_4	0.95	

试块组数 n	平均值 m_{fcu} (MPa)	标准差 s_{fcu} (MPa)	强度标准值 $f_{cu,k}$ (MPa)	最小值 $f_{cu,min}$ (MPa)	合格评定系数

计算结果：

$m_{fcu} =$

$f_{cu,min} =$

$m_{fcu} =$

$f_{cu,min} =$

$f_{cu,k} + \lambda_1 \times s_{fcu} =$

$\lambda_2 \times f_{cu,k} =$

$\lambda_3 \times f_{cu,k} =$

$\lambda_4 \times f_{cu,k} =$

计算		审核	

施工单位评定结果：

监理（建设）单位验收结论：

项目专业技术负责人：

年　月　日

监理工程师
（建设单位项目专业技术负责人）：

年　月　日

注：1. 试块留置：对涉及结构安全的重要部位应留置用于检验实体混凝土强度的试块，留置数量不宜少于10组，不应少于3组。

2. 试块养护：与所代表的构件同条件养护，养护期限以积温600 ℃·d计，但龄期不小于14 d，不大于60 d（气温为0 ℃及以下的天数不计入龄期）。

3. 实测平均值：任一组试件的强度实测平均值，一组3个试件：①取3个试件强度的算术平均值；②一组试件中强度的最大值或最小值与中间值之差超过中间值的15%时，取中间值；③一组试件中的最大值、最小值均超过中间值的15%时，该组试件的强度不作为评定的依据。

4. 同条件养护试件的强度，可作为检验结构实体混凝土强度的依据。

7）混凝土试块抗压强度统计及验收记录

混凝土试块抗压强度统计及验收记录（标准养护）

编号：××-××-C5-×××

序号	工程名称	试块代表部位	试块报告编号	龄期(d)	试块组强度代表值 $f_{cu,i}$ (N/mm²)

强度等级

数理统计 ($n \geq 10$)：
$m_{f_{cu}} \geq f_{cu,k} + \lambda_1 \times s_{f_{cu}}$
$f_{cu,min} \geq \lambda_2 \times f_{cu,k}$

非数理统计 ($n < 10$)：
$m_{f_{cu}} \geq \lambda_3 \times f_{cu,k}$
$f_{cu,min} \geq \lambda_4 \times f_{cu,k}$

试块组数 n	平均值 $m_{f_{cu}}$ (MPa)	标准差 $s_{f_{cu}}$ (MPa)	强度标准值 $f_{cu,k}$ (MPa)	最小值 $f_{cu,min}$ (MPa)

养护方法　标准养护

n	10～14	15～19	≥20
λ_1	1.15	1.05	0.95
λ_2	0.90	0.85	

设计等级	<C60	≥C60
λ_3	1.15	1.10
λ_4	0.95	

合格评定系数

λ_1	λ_2	λ_3	λ_4

计算结果：

$\lambda_2 \times f_{cu,k} =$
$\lambda_3 \times f_{cu,k} =$
$m_{f_{cu}} \geq f_{cu,k} + \lambda_1 \times s_{f_{cu}}$
$m_{f_{cu}} \geq \lambda_3 \times f_{cu,k}$

$f_{cu,k} + \lambda_1 \times s_{f_{cu}} =$
$\lambda_4 \times f_{cu,k} =$
$f_{cu,min} \geq \lambda_2 \times f_{cu,k}$
$f_{cu,min} \geq \lambda_4 \times f_{cu,k}$

计算　　　审核

监理（建设）单位验收结论：

监理工程师

（建设单位项目专业技术负责人）：

年　月　日

施工单位评定结果：

项目专业质量检验员：

年　月　日

注 $f_{cu,i}$——任一组试件的强度代表值，一组 3 个试件：①$f_{cu,i}$为 3 个试件强度的算术平均值；②一组试件中强度的最大值或最小值与中间值之差超过中间值的 15% 时，取中间值；③一组试件中的最大值，最小值与中间值之差均超过中间值的 15% 时，该组试件的强度不作为评定的依据。

8）现浇混凝土结构拆模申请记录

现浇混凝土结构拆模申请记录

工程名称：   编号：××-××-C4-×××

施工单位				
申请拆模部位				
混凝土设计 强度等级		混凝土浇筑 完成时间		申请拆模日期
构件类型（注：在所选择构件类型的□内打"√"）				
板		**梁**		
□ 跨度≤2 m □ 2 m＜跨度≤8 m □ 跨度＞8 m		□ 跨度≤8 m □ 跨度＞8 m		□ 悬挑构件
拆模时混凝土强度要求	龄期（d）	同条件混凝土 强度代表值（MPa）	达到设计 强度等级（%）	试验报告编号
应达到设计强度的_____% 或 _____MPa				

审批意见：

专业监理工程师：

批准拆模时间：　　　年　月　日

施工单位			
专业技术负责人	专业质量员		专业工长

5. 混凝土结构子分部工程质量验收记录

混凝土结构子分部工程质量验收记录

GB 50204—2015　　　　　　　　　　　　　　　　　　　　　　　　　　桂建质 0201

单位(子单位) 工程名称		分部工程 名称		分项工程 数量	
施工单位		项目负责人		技术(质量) 负责人	
分包单位		分包单位 负责人		分包内容	

序号	分项工程名称	检验批数	施工单位检查结果	监理(建设)单位验收意见
1	模板			(验收意见、合格或不合格的结 论、是否同意验收)
2	钢筋			
3	混凝土			
4	预应力			
5	现浇结构			
6	装配式结构			

质量控制资料 检查结论	(按附表第 1~18 项检查) 　共　　项,经查符合要求 　项,经核定符合规范要求　项	安全和功能检 验(检测)报告 检查结论	(按附表第 19~23 项检查) 　共核查　项,符合要求　　项, 经返工处理符合要求　项
观感验收记录	1.共抽查　项,符合要求 　项,不符合要求　项 2.观感质量评价:	验收组验收结论	(合格或不合格、是否同意验收的 结论)

勘察单位 项目负责人: 年　月　日	设计单位 项目负责人: 年　月　日	分包单位 项目负责人: 　　　年　月　日 施工单位 项目负责人: 　　　年　月　日	监理(建设)单位 项目负责人: 年　月　日

注:"经核定符合规范要求　　项"是指初验未通过的项目,按《建筑工程施工质量验收统一标准》GB 50300—2013 第 5.0.6
条处理的情况。

混凝土结构子分部工程资料检查表

GB 50204—2015　　　　　　　　　　　　　　　　　　　　　　桂建质 0201 附表

序号	检查内容	份数	监理(建设)单位检查意见
1	设计图纸/变更文件	/	
2	钢材合格证/试验报告	/	
3	钢材焊接试验报告/焊条(剂)合格证/焊工上岗证	/ /	
4	水泥合格证/试验报告	/	
5	混凝土外加剂合格证/试验报告	/	
6	混凝土掺合料合格证/试验报告	/	
7	商品混凝土出厂合格证		
8	砂检验单/石检验单	/	
9	混凝土配合比报告		
10	混凝土开盘鉴定记录		
11	混凝土施工记录		
12	混凝土装配式结构预制构件的合格证/安装验收记录	/	
13	预应力筋(钢铰线)合格证/进场复验报告	/	
14	预应力筋用锚具、夹具、连接器合格证/进场复验报告	/	
15	预应力筋安装、张拉及灌浆记录		
16	隐蔽工程检查验收记录		
17	混凝土现浇结构分项工程质量验收记录——桂建质(分项 B 类)-01		
18	混凝土装配式结构分项工程质量验收记录——桂建质(分项 B 类)-02		
19	重大质量问题处理方案/验收记录	/	
20	混凝土抗压强度试验报告/混凝土试件的性能试验报告	/	
21	混凝土试块抗压强度统计及验收记录		
22	混凝土结构子分部工程结构实体混凝土强度验收记录		
23	混凝土结构子分部工程结构实体钢筋保护层厚度验收记录——桂建质(附)0201-02		

检查人

　　　　　　　　　　　　　　　　　　　　　　　　　　　　　年　月　日

注:1.检查意见分两种,合格打"√",不合格打"×"。
　　2.验收时,若混凝土试块未达龄期,各方可验收除混凝土强度外的其他内容。待混凝土强度试验数据得出后,达到设计要求则验收有效;达不到要求,处理后重新验收。
　　3.钢筋工程检验批已含隐蔽验收,不必另做隐蔽工程检查验收记录,须做隐蔽工程检查验收的是诸如埋入管线之类。

任务二　砌体结构子分部

知识构成

砌体结构是指由块体和砂浆砌筑而成的墙、柱作为建筑物主要受力构件的结构。它是砖砌体、砌块砌体和石砌体结构的统称。

正常施工条件下,砖砌体、小砌块砌体每日砌筑高度宜控制在 1.5 m 或一步脚手架高度内;石砌体不宜超过 1.2 m。

砌体结构工程检验批的划分应同时符合下列规定:

①所用材料类型及同类型材料的强度等级相同;

②不超过 250 m³ 砌体;

③主体结构砌体一个楼层(基础砌体可按一个楼层计);填充墙砌体量少时可多个楼层合并。

填充墙砌体砌筑,应待承重主体结构检验批验收合格后进行。填充墙与承重主体结构间的空(缝)隙部位施工,应在填充墙砌筑 14 d 后进行。

砌体工程验收前,应提供下列文件和记录:

①设计变更文件;

②施工执行的技术标准;

③原材料出厂合格证书、产品性能检测报告和进场复验报告;

④混凝土及砂浆配合比通知单;

⑤混凝土及砂浆试件抗压强度试验报告单;

⑥砌体工程施工记录;

⑦隐蔽工程验收记录;

⑧分项工程检验批的主控项目、一般项目验收记录;

⑨填充墙砌体植筋锚固力检测记录;

⑩重大技术问题的处理方案和验收记录;

⑪其他必要的文件和记录。

砌体子分部工程验收时,应对砌体工程的观感质量作出总体评价。根据《建筑工程施工质量验收统一标准》GB 50300—2013 的要求,砌体结构子分部工程包含砖砌体、混凝土小型空心砌块砌体、石砌体、配筋砌体、填充墙砌体 5 个分项工程。

课堂活动

📖 结合工程实例(见本书所附图纸)及表2-3,让学生独立找出本工程案例中填充墙砌体分项及填充墙砌体分项工程所包含的检验批等相关施工质量验收表格。

📖 学生分组讨论,然后独立填写填充墙砌体分项及填充墙砌体分项工程所包含的检验批等相关施工质量验收表格。

填充墙砌体工程检验批质量验收记录

GB 50203—2011 桂建质020205 ⬚0⬚0⬚1

单位(子单位) 工程名称			分部(子分部) 工程名称	主体结构 (砌体结构)		分项工程 名称		填充墙砌体
施工单位			项目负责人			检验批容量		
分包单位			分包单位项 目负责人			检验批部位		
施工依据			《砌体结构工程施工规范》 GB 50924—2014	验收依据		《砌体结构工程施工质量验收规范》 GB 50203—2011		

		验收项目		设计要求及规范规定	最小/实际 抽样数量	检查 记录	检查 结果
主控项目	1	砖、砌块强度等级		设计强度 MU _____	/		
		砂浆强度等级		设计强度 M _____	/		
	2	与主体连接		符合设计要求	/		
	3	植筋实体检测		符合设计和规范要求	/		
一般项目	1	轴线位移		10 mm	/		
	2	垂直度	高≤3 m	5 mm	/		
			高>3 m	10 mm	/		
	3	表面平整度		8 mm	/		
	4	门窗洞口	高	±10 mm	/		
			宽	±10 mm	/		
	5	外墙上下窗口左右偏移		20 mm	/		
	6	空心砖砌体灰缝砂浆饱满度	垂直	填满砂浆,不得有透明缝、瞎缝、假缝	/		
			水平	饱满度≥80%	/		
	7	蒸压加气、轻骨料混凝土小砌块灰缝砂浆饱满度	垂直	饱满度≥80%	/		
			水平	饱满度≥80%	/		
	8	拉结钢筋或网片留置	位置	应与块体皮数符合,竖向位置偏差不超过一皮高度	/		
			长度	设计长度 _____ mm	/		

续表

验收项目			设计要求及规范规定	最小/实际抽样数量	检查记录	检查结果
一般项目	9 错缝搭砌长度	蒸压加气混凝土砌块	≥1/3 砌块长度	/		
		轻骨料混凝土小型空心砌块	≥90 mm	/		
		竖向通缝	不大于2皮	/		
	10 蒸压加气混凝土砌块	烧结空心砖、轻骨料混凝土小型空心砌块灰缝厚度	8～12 mm	/		
		砌筑砂浆 水平灰缝厚度	15 mm	/		
		砌筑砂浆 竖向灰缝宽度	15 mm	/		
		黏结砂浆 水平灰缝厚度	3～4 mm	/		
		黏结砂浆 竖向灰缝宽度	3～4 mm	/		

施工单位检查结果	专业工长： 项目专业质量检查员： 年　月　日	监理（建设）单位验收结论	专业监理工程师： （建设单位项目专业技术负责人）： 年　月　日

注：本表各项的检查方法、检查数量以及部分条文的合格标准见附表。

墙柱连接构造验收记录

GB 50203—2011　　　　　　　　　　　　　桂建质 020301～020305 附表 ０　０　１

单位(子单位)工程名称		分部(子分部)	主体结构（砌体结构）	分项工程名称	填充墙砌体
施工单位		项目负责人		检验批容量	
分包单位		分包单位项目负责人		检验批部位	
施工依据		《砌体结构工程施工规范》 GB 50924—2014	验收依据	《砌体结构工程施工质量验收规范》 GB 50203—2011	

续表

		验收项目	设计要求及规范规定	最小/实际抽样数量	检查记录	检查结果
砌体与构造柱连接	1	马牙槎 齿高	≤300 mm,每构造柱超过偏差不超过2处	/		
	2	齿深	≥60 mm	/		
	3	留置方式	从楼地面开始先退后进	/		
	4	拉结钢筋 间隔	符合设计要求,无设计规定时,沿墙高每500 mm设置2Φ6钢筋;竖向位移偏差≤100 mm,每构造柱超过偏差不超过2处	全数检查	/	
	5	长度	符合设计要求;无设计要求时,每边伸入墙内≥1 m	/		
	6	水平或垂直弯折段长度	符合设计要求,设计无要求时,≥50 mm	/		
	7	墙内弯钩方向	90°弯钩,水平放置,弯钩末端凸出墙面约3 mm	每个检验批抽查20%的墙	/	
砌体与承重柱连接	1	拉结钢筋 间隔	符合设计要求,无设计规定时,沿墙高每500 mm设置2Φ6钢筋;竖向位移偏差≤100 mm,每根柱超过偏差不超过2处	全数检查	/	
	2	长度	符合设计要求,无设计要求时,伸入墙内≥500 mm,6、7度抗震设防时≥墙长的1/5且≥700 mm,锚入柱主筋矩形区内		/	
	3	水平或垂直弯折段长度	符合设计要求,设计无要求时,≥50 mm	全数检查	/	
	4	墙内弯钩方向	90°弯钩,水平放置,弯钩末端凸出墙面约3 mm	每个检验批抽查20%的墙	/	

施工单位检查结果	专业工长: 项目专业质量检查员: 年 月 日	监理(建设)单位验收结论	专业监理工程师: (建设单位项目专业技术负责人): 年 月 日

注:1. 填写桂建质020301~020305时,应以本表为附表。
　　2. 本表"质量要求"根据《砌体结构工程施工质量验收规范》GB 50203—2011、《约束砌体与配筋砌体结构技术规程》JGJ 13—2014、《建筑抗震设计规范》GB 50011—2010(2016年版)和《混凝土结构施工图平面整体表示方法制图规则和构造详图》设定。

填充墙砌体工程检验批质量验收记录

GB 50203—2011　　　　　　　　　　　　　　　　　　　　　桂建质 020304 附表

<table>
<tr><td colspan="2">检查项目</td><td>检查方法</td><td colspan="4">检查数量</td></tr>
<tr><td rowspan="4">主控项目</td><td>1　砖、砌块强度等级</td><td>查砖、小砌块进场复验报告及产品合格证</td><td colspan="4">烧结空心砖每 10 万块为一验收批，小砌块每 1 万块为一验收批，不足上述数量时按一批计，抽检数量为 1 组</td></tr>
<tr><td>2　砂浆强度等级</td><td>查砂浆试块试验报告</td><td colspan="4">每一检验批且不超过 250 m³ 砌体的各类、各强度等级的普通砌筑砂浆，每台搅拌机至少抽检 1 次。验收批的预拌砂浆、蒸压加气混凝土砌块专用砂浆，抽检可为 3 组</td></tr>
<tr><td>3　填充墙与主体连接</td><td>观察检查</td><td colspan="4">每检验批抽查不应少于 5 处</td></tr>
<tr><td rowspan="3">4　植筋实体检测</td><td rowspan="3">原位试验检查</td><td>检验批的容量</td><td>样本最小容量</td><td>检验批的容量</td><td>样本最小容量</td></tr>
<tr><td>≤90</td><td>5</td><td>281～500</td><td>20</td></tr>
<tr><td rowspan="1">91～150</td><td>8</td><td>501～1 200</td><td>32</td></tr>
<tr><td colspan="2"></td><td>151～280</td><td>13</td><td>1 201～3 200</td><td>50</td></tr>
<tr><td rowspan="11">一般项目</td><td rowspan="5">1</td><td>轴线位移</td><td>用尺检查</td><td colspan="4" rowspan="4">每检验批抽查不应少于 5 处</td></tr>
<tr><td>垂直度(每层)</td><td>用 2 m 托线板或吊线、尺检查</td></tr>
<tr><td>表面平整度</td><td>用 2 m 靠尺和楔形塞尺检查</td></tr>
<tr><td>门窗洞口高、宽（后塞口）</td><td>用尺检查</td></tr>
<tr><td>外墙上、下窗口偏移</td><td>用经纬仪或吊线检查</td><td colspan="4">每检验批抽查不应少于 5 处</td></tr>
<tr><td>2</td><td>灰缝砂浆饱满度</td><td>采用百格网检查块材体底面或侧面砂浆的黏结痕迹面积</td><td colspan="4">每检验批抽查不应少于 5 处</td></tr>
<tr><td>3</td><td>拉结钢筋或网片留置</td><td>观察和用尺检查</td><td colspan="4">每检验批抽查不应少于 5 处</td></tr>
<tr><td>4</td><td>搭砌长度</td><td>观察和用尺检查</td><td colspan="4">每检验批抽查不应少于 5 处</td></tr>
<tr><td rowspan="2">5</td><td>烧结空心砖、轻骨料混凝土小型空心砌块灰缝厚度</td><td rowspan="2">水平灰缝厚度用尺量 5 皮小砌块的高度折算；竖向灰缝宽度用尺量 2 m 砌体长度折算</td><td colspan="4" rowspan="2">每检验批抽查不应少于 5 处</td></tr>
<tr><td>蒸压加气混凝土砌块灰缝厚度</td></tr>
</table>

注：检验批质量合格的判定标准：

1. 主控项目的质量经检验全部合格。

2. 一般项目的合格点率达到 80% 及以上或偏差值在允许偏差范围以内。

任务三　主体结构分部工程质量验收资料

知识构成

　　分部工程的验收是以所含各分项工程验收为基础进行的。首先,组成分部工程的各分项工程已验收合格且相应的质量控制资料齐全、完整。此外,由于各分项工程的性质不尽相同,因此,作为分部工程,不能简单地组合而加以验收,尚须增加以下两类检查项目:

　　①涉及安全、节能、环境保护和主要使用功能的主体结构分部工程应进行有关见证检验或抽样检测。

　　②以观察、触摸或简单量测的方式进行观感质量验收,并结合验收人的主观判断,检查结果不给出"合格"或"不合格"的结论,而是综合给出"好""一般""差"的质量评价结果。对于"差"的检查点,应通过返修处理等措施补救。

　　主体结构分部工程质量验收合格应符合下列规定:

　　①所含分项工程的质量均应验收合格;

　　②质量控制资料应完整;

　　③有关安全、节能、环境保护和主要使用功能的抽样检验结果应符合相应规定;

　　④观感质量应符合要求。

课堂活动

　　📖 结合工程实例(见本书所附图纸),让学生分组讨论主体结构分部工程质量验收的条件是否具备,混凝土结构子分部、砌体结构子分部的质量验收资料及其各分项工程质量验收资料是否完整。

　　📖 列出主体结构分部工程质量验收还需要填写的表格。

　　📖 教师引导,学生分组讨论并填写完成以下资料。

1. 主体结构分部工程质量验收记录

主体结构分部工程质量验收记录

GB 50300—2013　　　　　　　　　　　　　　　　　　　　　　　　桂建质02

单位(子单位) 工程名称		子分部 工程数量		分项工程数量	
施工单位		项目负责人		技术(质量) 负责人	

续表

分包单位		分包单位负责人		分包内容	

序号	子分部工程名称	分项工程数	施工单位检查结果	验收组验收结论
1	混凝土结构			（验收意见、合格或不合格的结论、是否同意验收）
2	砌体结构			
3	钢结构			
4	钢管混凝土结构			
5	型钢混凝土结构			
6	铝合金结构			
7	木结构			

质量控制资料检查结论	共　　项，经查符合要求　　项，经核定符合规范要求　　项	安全和功能检验（检测）报告检查结论	共核查　　项，符合要求　　项，经返工处理符合要求　　项
观感质量验收结论	1.共抽查　　项，符合要求　　项，不符合要求　　项 2.观感质量评价（好、一般、差）：		

施工单位	设计单位	监理（建设）单位	勘察单位
项目负责人：	项目负责人：	项目负责人：	项目负责人：
（公章）　年　月　日	（公章）　年　月　日	（公章）　年　月　日	（公章）　年　月　日

注：1. 质量控制资料、安全和功能检验（检测）报告检查情况可查阅有关子分部工程质量验收记录或直接查阅原件，统计整理后填入本表。

2. 本验收记录尚应有各有关子分部工程质量验收记录作附件。

3. 观感质量验收由总监理工程师或建设单位项目专业负责人组织并以其为主，听取参验人员意见后作出评价，如评为"差"时，能修的尽量修，若不能修，只要不影响结构安全和使用功能，可协商接收，并在"验收组验收意见"栏中注明。

4. 勘察单位不需参加除地基与基础分部以外的分部工程验收，此时可以将勘察单位签字盖章栏删除；设计单位不需参加电梯分部工程验收，此时可以将设计单位签字盖章栏删除，并将施工单位栏改为电梯安装单位栏。

主体结构分部工程质量验收记录

GB 50300—2013　　　　　　　　　　　　　　　　　　　桂建质 02 附表

数据　　测点 层别		楼板厚度偏差抽查实测值（mm）（允许偏差：+10，−5）														
		1	2	3	4	5	6	7	8	9	10	11	12	13	14	15
第　层	设计厚度															
	偏差（±）															

续表

数据层别 测点		楼板厚度偏差抽查实测值（mm）（允许偏差：+10，-5）														
		1	2	3	4	5	6	7	8	9	10	11	12	13	14	15
第　层	设计厚度															
	偏差（±）															
第　层	设计厚度															
	偏差（±）															
第　层	设计厚度															
	偏差（±）															
第　层	设计厚度															
	偏差（±）															

轴线位置偏移抽查实测值（mm）							
层别	轴线号	偏移值	轴线号	偏移值	轴线号	偏移值	轴线号	偏移值

层别	轴线号	偏移值	轴线号	偏移值	轴线号	偏移值	轴线号	偏移值
第　层	～　轴		～　轴		～　轴		～　轴	
	～　轴		～　轴		～　轴		～　轴	
第　层	～　轴		～　轴		～　轴		～　轴	
	～　轴		～　轴		～　轴		～　轴	
第　层	～　轴		～　轴		～　轴		～　轴	
	～　轴		～　轴		～　轴		～　轴	
第　层	～　轴		～　轴		～　轴		～　轴	
	～　轴		～　轴		～　轴		～　轴	

项目	墙、柱、梁	砖砌体	混凝土小型空心砌体	毛石墙砌体	毛石料墙砌体	粗石料墙砌体	细石料墙砌体
允许偏差	8 mm	10 mm	10 mm	15 mm	15 mm	10 mm	10 mm

全高垂直度检查结果：	沉降观测：
（检测数据可查阅相应的分项工程质量验收记录，如桂建质（分项 B 类）-01、04 等表，也可再次实测）	（设计有要求的须做沉降观测：沉降是否均匀、是否符合设计要求）

检查人员签名		年　月　日

注：1. 偏差在允许值内的数值填光身数字，如 5 等；超出允许值的数值打上圈，如㉕等。板厚偏差填写 ± 或 0。
　　2. 偏差在允许值内的测点（处）为合格点（处），否则为不合格点（处）。合格点（处）率达到 80% 及以上、无严重缺陷、无影响结构性能和使用功能的尺寸偏差为合格。
　　3. 验收不合格的，视其严重程度按《建筑工程施工质量验收统一标准》GB 50300—2013 第 5.0.6 或 5.0.8 条处理。

2. 主体结构分部工程报验表

主体结构分部工程报验表

工程名称：　　　　　　　　　　　　　　　　　　　　　　　　　编号：

致：_____（项目监理机构）
我方已完成主体结构工程施工（分部工程），经自检合格，请予以验收。 　　附件：分部工程质量控制资料 　　1. 主体结构分部工程质量验收记录； 　　2. 主体结构分部工程质量控制资料； 　　3. 主体结构分部工程安全和功能检验（检测）资料； 　　4. 主体结构分部工程观感质量检查记录。   　　　　　　　　　　　　　　　　　　　　　施工项目经理部（盖章） 　　　　　　　　　　　　　　　　　　　　　项目技术负责人（签字）： 　　　　　　　　　　　　　　　　　　　　　　　　　　年　月　日
验收意见： 　　1. 主体结构工程施工已完成； 　　2. 所含子分部无遗漏并全部合格； 　　3. 主体结构工程安全和功能检验资料核查及主要功能抽查符合设计和规范要求； 　　4. 主体结构工程混凝土外观质量符合设计和规范要求，未发现混凝土质量通病； 　　5. 主体结构实体检测结果合格。   　　　　　　　　　　　　　　　　　　　　　专业监理工程师（签字）： 　　　　　　　　　　　　　　　　　　　　　　　　　　年　月　日
验收意见： 　　同意验收。   　　　　　　　　　　　　　　　　　　　　　项目监理机构（盖章） 　　　　　　　　　　　　　　　　　　　　　总监理工程师（签字）： 　　　　　　　　　　　　　　　　　　　　　　　　　　年　月　日

注：本表一式三份，项目监理机构、建设单位、施工单位各一份。

学习情境三　建筑装饰装修分部工程施工质量验收资料的编制

知识构成

建筑装饰装修是指为保护建筑物的主体结构、完善建筑物的使用功能和美化建筑物,采用装饰装修材料或饰物,对建筑物的内外表面及空间进行的各种处理过程。

建筑装饰装修分部工程施工质量验收记录包括分部工程质量验收记录、子分部工程质量验收记录、分项工程质量验收记录和检验批工程质量验收记录。根据《建筑工程施工质量验收统一标准》GB 50300—2013,建筑装饰装修分部工程按表3-1划分子分部、分项工程。

表3-1　建筑装饰装修子分部工程、分项工程划分

分部工程	子分部工程	分项工程
建筑装饰装修	建筑地面	基层铺设,整体面层铺设,板块面层铺设,木、竹面层铺设
	抹灰	一般抹灰,保温层薄抹灰,装饰抹灰,清水砌体勾缝
	外墙防水	外墙砂浆防水,涂膜防水,透气膜防水
	门窗	木门窗安装,金属门窗安装,塑料门窗安装,特种门安装,门窗玻璃安装
	吊顶	整体面层吊顶,板块面层吊顶,格栅吊顶
	轻质隔墙	板材隔墙,骨架隔墙,活动隔墙,玻璃隔墙
	饰面板	石板安装,陶瓷板安装,木板安装,金属板安装,塑料板安装
	饰面砖	外墙饰面砖粘贴,内墙饰面砖粘贴
	幕墙	幕墙安装,金属幕墙安装,石材幕墙安装,陶板幕墙安装
	涂饰	水性涂料涂饰,溶剂型涂料涂饰,美术涂饰
	裱糊与软包	裱糊、软包
	细部	橱柜制作与安装,窗帘盒和窗台板制作与安装,门窗套制作与安装,护栏和扶手制作与安装,花饰制作与安装

126

课堂活动

结合工程实例(见本书所附图纸),学生分组讨论建筑装饰装修分部检验批的划分方案,列出某住宅小区 20 号住宅楼工程建筑装饰装修施工阶段相关资料名称,编制建筑装饰装修分部、子分部、分项与检验批划分计划表,见表 3-2。

表 3-2　建筑装饰装修分部、子分部、分项与检验批计划表

序号	分部工程质量验收记录	子分部工程质量验收记录	分项工程质量验收记录	检验批质量验收记录表格及验收部位
	建筑装饰装修			

【填写说明】

分部工程、子分部工程、分项工程的划分标准已在《建筑工程施工质量验收统一标准》GB 50300—2013 中全部列出,本项目结合图纸情况参照划分。检验批划分的实质是对分项工程验收批数量的确定,一个分项工程根据工程特点的不同可分为一个或若干个检验批。建筑装饰装修各分项工程检验批可按下列标准划分:

(1)建筑地面子分部

①基层(各构造层)和各类面层的分项工程的施工质量验收应按每一层次或每层施工段

（或变形缝）划分检验批，高层建筑的标准层可按每三层（不足三层按三层计）划分检验批。

②室外工程中，散水、台阶、明沟和坡道等附属工程纳入相应的地面分项中，划分为一个或若干个检验批。

（2）抹灰子分部

①相同材料、工艺和施工条件的室外抹灰工程每 500~1 000 m² 应划分为一个检验批，不足 500 m² 也应划分为一个检验批。

②相同材料、工艺和施工条件的室内抹灰工程每 50 个自然间（大面积房间和走廊按抹灰面积 30 m² 为一间）应划分为一个检验批，不足 50 间也应划分为一个检验批。

（3）门窗子分部

①同一品种、类型和规格的木门窗、金属门窗、塑料门窗及门窗玻璃每 100 樘应划分为一个检验批，不足 100 樘也应划分为一个检验批。

②同一品种、类型和规格的特种门每 50 樘应划分为一个检验批，不足 50 樘也应划分为一个检验批。

（4）吊顶子分部

同一品种的吊顶工程每 50 间（大面积房间和走廊按吊顶面积 30 m² 为一间）应划分为一个检验批，不足 50 间也应划分为一个检验批。

（5）轻质隔墙子分部

同一品种的轻质隔墙工程每 50 间（大面积房间和走廊吊顶 30 m² 为一间）应划分为一个检验批，不足 50 间也应划分为一个检验批。

（6）饰面板（砖）子分部

①相同材料、工艺和施工条件的室内饰面板（砖）工程每 50 间（大面积房间和走廊按施工面积 30 m² 为一间）应划分为一个检验批，不足 50 间也应划分为一个检验批。

②相同材料、工艺和施工条件的室外饰面板（砖）工程每 500~1 000 m² 应划分为一个检验批，不足 500 m² 也应划分为一个检验批。

（7）幕墙子分部

①相同设计、材料、工艺和施工条件的幕墙工程每 500~1 000 m² 应划分为一个检验批，不足 500 m² 也应划分为一个检验批。

②同一单位工程的不连续的幕墙工程应单独划分检验批。

③对于异形或有特殊要求的幕墙工程，检验批的划分应根据幕墙的结构、工艺特点及幕墙工程规模，由监理单位（或建设单位）和施工单位协商确定。

（8）涂饰子分部

①室外涂饰工程每一栋楼的同类涂料涂饰的墙面每 500~1 000 m² 应划分为一个检验批，不足 500 m² 也应划分为一个检验批。

②室内涂饰工程同类涂料涂饰的墙面每 50 间（大面积房间和走廊按涂饰面积 30 m² 为一间）应划分为一个检验批，不足 50 间也应划分为一个检验批。

（9）裱糊与软包子分部

同一品种的裱糊或软包工程每 50 间（大面积房间和走廊按施工面积 30 m² 为一间）应划分为一个检验批，不足 50 间也应划分为一个检验批。

（10）细部子分部

①同类制品每50间（处）应划分为一个检验批，不足50间（处）也应划分为一个检验批。

②每部楼梯应划分为一个检验批。

📖 教师引导，同学们自评、互评，完善建筑装饰装修分部、子分部、分项与检验批计划表（见表3-3）。

表3-3　建筑装饰装修分部、子分部、分项与检验批计划表

序号	分部工程质量验收记录	子分部工程质量验收记录	分项工程质量验收记录	检验批质量验收记录表格及验收部位	
1	建筑装饰装修工程	建筑地面	基层铺设	基土	1层①~㉓/Ⓐ~Ⓕ轴基土
2					1层室外工程基土
3				水泥混凝土垫层和陶粒混凝土垫层	1层①~㉓/Ⓐ~Ⓕ轴垫层
4					1层室外工程台阶、残疾人坡道、散水垫层
5				找平层	1层厨房、卫生间找平层
6					2层厨房、卫生间找平层
7					3层厨房、卫生间找平层
8					4层厨房、卫生间找平层
9					5层厨房、卫生间找平层
10					6层厨房、卫生间找平层
11					7层厨房、卫生间找平层
12					8层厨房、卫生间找平层
13					9层厨房、卫生间找平层
14				隔离层	1层厨房、卫生间隔离层
15					2层厨房、卫生间隔离层
16					3层厨房、卫生间隔离层
17					4层厨房、卫生间隔离层
18					5层厨房、卫生间隔离层
19					6层厨房、卫生间隔离层
20					7层厨房、卫生间隔离层
21					8层厨房、卫生间隔离层
22					9层厨房、卫生间隔离层

续表

序号	分部工程质量验收记录	子分部工程质量验收记录	分项工程质量验收记录	检验批质量验收记录表格及验收部位
23				1 层地面水泥砂浆面层
24				2 层楼面水泥砂浆面层
25				3 层楼面水泥砂浆面层
26				4 层楼面水泥砂浆面层
27		建筑地面	整体面层铺设	水泥砂浆面层	5 层楼面水泥砂浆面层
28				6 层楼面水泥砂浆面层
29				7 层楼面水泥砂浆面层
30				8 层楼面水泥砂浆面层
31				9 层楼面水泥砂浆面层
32				出屋面层楼面水泥砂浆面层
33		板块面层	砖面层	1 层电梯间、楼梯间地面地砖面层
34				1 层厨房、卫生间室内墙面
35	建筑装饰装修工程			2 层厨房、卫生间室内墙面
36				3 层厨房、卫生间室内墙面
37				4 层厨房、卫生间室内墙面
38				5 层厨房、卫生间室内墙面
39				6 层厨房、卫生间室内墙面
40				7 层厨房、卫生间室内墙面
41				8 层厨房、卫生间室内墙面
42		抹灰	一般抹灰	一般抹灰	9 层厨房、卫生间室内墙面
43				1 层客厅、卧室内墙面
44				2 层客厅、卧室内墙面
45				3 层客厅、卧室内墙面
46				4 层客厅、卧室内墙面
47				5 层客厅、卧室内墙面
48				6 层客厅、卧室内墙面
49				7 层客厅、卧室内墙面
50				8 层客厅、卧室内墙面
51				9 层客厅、卧室内墙面

续表

序号	分部工程质量验收记录	子分部工程质量验收记录	分项工程质量验收记录	检验批质量验收记录表格及验收部位	
52					1~9层门厅、电梯厅、楼梯间室内墙面
53					1层客厅、卧室顶棚
54					2层客厅、卧室顶棚
55					3层客厅、卧室顶棚
56					4层客厅、卧室顶棚
57					5层客厅、卧室顶棚
58					6层客厅、卧室顶棚
59					7层客厅、卧室顶棚
60					8层客厅、卧室顶棚
61		抹灰	一般抹灰	一般抹灰	9层客厅、卧室顶棚
62					1~9层门厅、电梯厅、楼梯间顶棚
63					1~3层阳台外墙、线脚一般抹灰
64					4~6层阳台外墙、线脚一般抹灰
65	建筑装饰装修工程				7~9层阳台外墙、线脚一般抹灰
66					出屋面层外墙一般抹灰
67					东立面外墙一般抹灰
68					南立面外墙一般抹灰
69					西立面外墙一般抹灰
70					北立面外墙一般抹灰
71					M1
72					M2
73			木门窗安装	木门窗安装	M3
74					M4
75		门窗			M6
76			特种门安装	特种门安装	M7
77					C1
78			塑料门窗安装	塑料门窗安装	C2
79					C2a
80					C3

续表

序号	分部工程质量验收记录	子分部工程质量验收记录	分项工程质量验收记录	检验批质量验收记录表格及验收部位
81	建筑装饰装修工程	门窗	塑料门窗安装	塑料门窗安装	C4
82				C5
83				C6
84				C7
85				C8
86				MC1
87			门窗玻璃安装	门窗玻璃安装	C1
88				C2
89				C2a
90				C3
91				C4
92				C5
93				C6
94				C7
95				C8
96				MC1
97		饰面（板）砖	饰面砖粘贴	外墙饰面砖粘贴	东立面外墙面砖墙面
98				南立面外墙面砖墙面
99				西立面外墙面砖墙面
100				北立面外墙面砖墙面
101				出屋面层外墙面砖墙面
102		涂饰	水性涂料涂饰工程	1~9层门厅、电梯厅、楼梯间仿瓷涂料内墙
103				1~9层门厅、电梯厅、楼梯间仿瓷涂料顶棚
104				1~3层阳台白色涂料外墙
105				4~6层阳台白色涂料外墙
106				7~9层阳台白色涂料外墙

续表

序号	分部工程质量验收记录	子分部工程质量验收记录	分项工程质量验收记录	检验批质量验收记录表格及验收部位	
107	建筑装饰装修工程	细部	护栏和扶手制作与安装	护栏和扶手制作与安装	1 单元楼梯护栏和扶手制作与安装
108					2 单元楼梯护栏和扶手制作与安装
109					1~3 层阳台护栏和扶手制作与安装
110					4~6 层阳台护栏和扶手制作与安装
111					7~9 层阳台护栏和扶手制作与安装
112					屋面层护栏和扶手制作与安装
113					1 层室外残疾人坡道护栏和扶手制作与安装

　　📖结合工程实例(见本书所附图纸),在学习本情境各任务后,教师引导学生填写建筑装饰装修分部工程质量验收记录表、各子分部工程质量验收记录表、各分项工程质量验收记录表以及各检验批质量验收记录表。

任务一　建筑地面子分部

知识构成

　　建筑地面是建筑物底层地面(地面)和楼层地面(楼面)的总称。

　　根据《建筑工程施工质量验收统一标准》GB 50300—2013 的要求,建筑地面子分部工程包含基层铺设,整体面层铺设,板块面层铺设,木、竹面层铺设 4 个分项工程。

课堂活动

　　📖结合工程实例(见本书所附图纸)及表3-3,让学生独立找出本工程案例中基层铺设、整体面层铺设、板块面层铺设 3 个分项工程的相关施工质量验收表格。

　　📖学生分组讨论,然后独立填写基层铺设、整体面层铺设、板块面层铺设 3 个分项工程的相关施工质量验收表格。

1.基层铺设分项

1)基层铺设分项工程质量验收记录

基层铺设分项工程质量验收记录在分项工程所含检验批验收完毕后进行。

基层铺设分项工程质量验收记录

桂建质(分项 A 类)

单位(子单位) 工程名称			分部(子分部) 工程名称			
检验批数量			分项工程专业 质量检查员			
施工单位			项目负责人		项目技术 负责人	
分包单位			分包单位 项目负责人		分包内容	

序号	检验批名称	检验批容量	部位/区段	施工单位 检查结果	监理(建设)单位 验收意见
1					
2					
3					
4					
5					
6					
7					
8					
9					
10					
11					
12					

说明:

施工单位 检查结果	项目专业技术负责人: 年 月 日
监理(建设) 单位验收结论	专业监理工程师: (建设单位项目专业技术负责人): 年 月 日

注:本表(分项 A 类)适用于不涉及全高垂直度检查、无特殊要求的分项工程。混凝土现浇结构、混凝土装配结构、砖砌体、
混凝土小型空心砌块砌体、石砌体分项工程质量验收记录使用分项 B 类表格。

【填写说明】

①分项工程由专业监理工程师组织施工单位项目专业技术负责人等参与验收。

②分项工程质量合格必须满足两个条件:

a.分项工程所含检验批的质量均应验收合格;

b.分项工程所含检验批的质量验收记录应完整。

2)地面基土检验批质量验收记录

①地面基土指底层地面的地基土层。

②地面基土施工工艺流程:检验土质→实验确定施工参数→技术交底→准备机具设备→基底清理→分层铺土、耙平→分层夯实→检验密实度→修整、找平、验收。

地面基土检验批质量验收记录

GB 50209—2010 桂建质 031201（Ⅰ） ☐0 ☐0 ☐1

单位(子单位)工程名称			分部(子分部)工程名称	建筑装饰装修(地面)	分项工程名称	基层铺设
施工单位			项目负责人		检验批容量	
分包单位			分包单位项目负责人		检验批部位	
施工依据		建筑装饰装修施工方案		验收依据	《建筑地面工程施工质量验收规范》GB 50209—2010	

	验收项目		设计要求及规范规定	最小/实际抽样数量	检查记录	检查结果
主控项目	1	基土土料	不用淤泥、腐殖土、冻土、耕植土、膨胀土和建筑杂物作为填土,填土土块的粒径不应大于50 mm	观察检查和检查土质记录	/	
	2	基土氡浓度	Ⅰ类建筑基土的氡浓度符合现行国家标准《民用建筑工程室内环境污染控制规范》GB 50325 的规定	检查检测报告	/	
	3	基土压实	基土应均匀密实,压实系数应符合设计要求,设计无要求时,不应小于0.9	观察检查和检查试验记录	/	
一般项目	表面允许偏差	表面平整度	15 mm	用2 m靠尺和楔形塞尺检查	/	
		标高	0,−50 mm	用水准仪检查	/	

续表

<table>
<tr>
<td rowspan="3">一般项目</td>
<td colspan="2">验收项目</td>
<td colspan="2">设计要求及规范规定</td>
<td>最小/实际抽样数量</td>
<td>检查记录</td>
<td>检查结果</td>
</tr>
<tr>
<td rowspan="2">表面允许偏差</td>
<td>坡度</td>
<td>不大于房间相应尺寸的2/1000,且不大于30 mm</td>
<td>用坡度尺检查</td>
<td>/</td>
<td></td>
<td></td>
</tr>
<tr>
<td>厚度</td>
<td>在个别地方不大于设计厚度的1/10,且不大于20 mm</td>
<td>用钢尺检查</td>
<td>/</td>
<td></td>
<td></td>
</tr>
<tr>
<td colspan="3">施工单位
检查结果</td>
<td colspan="4">专业工长:
项目专业质量检查员:　　　　　　　　　　　　　　　　　年　月　日</td>
</tr>
<tr>
<td colspan="3">监理(建设)单位
验收结论</td>
<td colspan="4">专业监理工程师:
(建设单位项目专业技术负责人):　　　　　　　　　　　年　月　日</td>
</tr>
</table>

注:1. 检查数量:按每层或每施工段或以变形缝为界划分检验批,高层建筑的标准层按每三层划分检验批。每检验批抽检不应少于3间,不足3间全检(走廊或过道以10延长米,厂房以单跨、礼堂或门厅以两轴为1间);有防水要求的,每检验批抽检4间,不足4间全检。

2. 合格判定标准:主控项目必须达到本表所列规定的质量标准;一般项目80%以上的检查点(处)符合本表所列规定的质量要求,其他检查点(处)无明显影响使用、无大于允许偏差值50%的偏差为合格。

3)地面水泥混凝土垫层和陶粒混凝土垫层检验批质量验收记录

①地面水泥混凝土垫层和陶粒混凝土垫层施工工艺流程:检验水泥、砂子、石子质量→配合比实验→技术交底→准备机具设备→基底清理→找标高→搅拌→铺设混凝土垫层→振捣→养护→检查验收。

②水泥混凝土垫层的厚度不应小于60 mm;陶粒混凝土垫层的厚度不应小于80 mm。

③当水泥混凝土垫层铺设在基土上、气温长期处于0 ℃以下、设计无要求时,垫层应设置伸缩缝。

④垫层铺设前,当为水泥类基层时,其下一层表面应湿润。

⑤室内地面的混凝土垫层,应设置纵向缩缝和横向缩缝。纵向缩缝间距不得大于6 m,横向缩缝间距不得大于12 m。

⑥垫层的纵向缩缝应做成平头缝或加肋板平头缝。当垫层厚度大于150 mm时,可做企口缝。横向缩缝应做假缝。平头缝和企口缝间不得放置隔离材料,浇筑时应互相紧贴。企口缝的尺寸应符合设计要求,假缝宽度为5~20 mm,深度为垫层厚度的1/3,缝内填水泥砂浆。

⑦面积较大的水泥混凝土垫层或重要部位的水泥混凝土垫层,宜使用商品混凝土。

地面水泥混凝土垫层和陶粒混凝土垫层检验批质量验收记录

GB 50209—2010　　　　　　　　　　　　　　　　桂建质 031201（Ⅶ） 0 0 1

单位(子单位) 工程名称				分部(子分部) 工程名称	建筑装饰装修 （地面）	分项工程 名称	基层铺设
施工单位				项目负责人		检验批容量	
分包单位				分包单位 项目负责人		检验批部位	
施工依据			建筑装饰装修施工方案	验收依据	《建筑地面工程施工质量 验收规范》GB 50209—2010		

	验收项目		设计要求及规范规定	最小/实际 抽样数量	检查记录	检查结果
主控项目	1	材料质量	粗骨料的最大粒径不大于垫层厚度的 2/3，含泥量不大于 3%；砂为中粗砂，其含泥量不大于 3%。陶粒中粒径小于 5 mm 的颗粒含量小于 10%；粉煤灰陶粒中大于 15 mm 的颗粒含量不大于 5%；陶粒中不得混夹杂物或黏土块。陶粒选用粉煤灰陶粒、页岩陶粒等	观察检查和检查质量合格证明文件	/	
	2	强度等级	符合设计要求；陶粒混凝土的密度在 800～1 400 kg/m³	检查配合比试验报告和强度等级检测报告	/	
一般项目	表面允许偏差	表面平整度	10 mm	用 2 m 靠尺和楔形塞尺检查	/	
		标高	±10 mm	用水准仪检查	/	
		坡度	不大于房间相应尺寸的 2/1 000，且不大于 30 mm	用坡度尺检查	/	
		厚度	在个别地方不大于设计厚度的 1/10，且不大于 20 mm	用钢尺检查	/	

续表

施工单位检查结果	专业工长： 项目专业质量检查员： 年 月 日	监理（建设）单位验收结论	专业监理工程师： （建设单位项目专业技术负责人）： 年 月 日

注：1. 检查数量：按每一层或每施工段（或变形缝）划分检验批，高层建筑的标准层按每三层（不足三层按三层计）划分检验批；每检验批抽查数量应随机检验不少于3间，不足3间应全检（走廊或过道以10延长米为1间，厂房以单跨、礼堂或门厅以两个轴线为1间）；有防水要求的，每检验批抽检4间，不足4间全检。

2. 合格判定标准：主控项目必须达到本表所列规定的质量标准；一般项目80%以上的检查点（处）符合本表所列规定的质量要求，其他检查点（处）无明显影响使用、无大于允许偏差值50%的偏差为合格。

4）地面找平层检验批质量验收记录

①找平层应采用水泥砂浆或水泥混凝土铺设，并应符合《建筑地面工程施工质量验收规范》GB 50209—2010 的规定。

②铺设找平层前，当其下一层有松散填充料时，应予清除或铺平振实。

③有防水要求的建筑地面工程，铺设前必须对立管、套管和地漏与楼板节点之间进行密封处理；排水坡度应符合设计要求。

④水泥混凝土施工质量检验尚应符合现行国家标准《混凝土结构工程施工质量验收规范》GB 50204—2015 的有关规定。

地面找平层检验批质量验收记录

GB 50209—2010   桂建质 031201（Ⅷ） ［0］［0］［1］

单位（子单位）工程名称			分部（子分部）工程名称	建筑装饰装修（地面）	分项工程名称	基层铺设
施工单位			项目负责人		检验批容量	
分包单位			分包单位项目负责人		检验批部位	
施工依据		建筑装饰装修施工方案		验收依据	《建筑地面工程施工质量验收规范》GB 50209—2010	
	验收项目		设计要求及规范规定	最小/实际抽样数量	检查记录	检查结果
主控项目	1	材料质量	碎石或卵石的粒径≤厚度2/3，含泥量≤2%；砂为中粗砂，其含泥量≤3%	观察检查和检查质量合格证明文件	/	

续表

	验收项目	设计要求及规范规定			最小/实际抽样数量	检查记录	检查结果
主控项目	2	配合比或强度等级	符合设计要求,水泥砂浆体积比≥1:3(或相应强度等级),水泥混凝土强度等级≥C15	观察检查和检查配合比试验报告、强度等级检测报告	/		
	3	有防水要求地面工程	立管、套管、地漏处不渗漏,坡向正确、无积水	观察和坡度尺检查,蓄水、泼水检验	/		
	4	有防静电要求的整体面层	找平层施工前,敷设的导电地网系统与接地引下线和地下接电体有可靠连接,静电性能检测且符合相关要求后进行隐蔽工程验收	观察检查和检查质量合格证明文件	/		
一般项目	1	与下层结合	结合牢固,无空鼓	用小锤轻击检查	/		
	2	表面质量	密实,无起砂、蜂窝和裂缝等缺陷	观察检查	/		
	3 允许偏差	拼花木板、浸渍纸层压木质地板、实木复合地板、竹地板、软木地板面层铺设	表面平整度	2 mm	用2 m靠尺和楔形塞尺检查	/	
			标高	±4 m	用水准仪检查	/	
		胶结料做结合层,铺板块面层	表面平整度	3 mm	用2 m靠尺和楔形塞尺检查	/	
			标高	±5 m	用水准仪检查	/	
		水泥砂浆做结合层,铺板块地面,其他种类面层	表面平整度	5 mm	用2 m靠尺和楔形塞尺检查	/	
			标高	±8 m	用水准仪检查	/	

续表

验收项目		设计要求及规范规定			最小/实际抽样数量	检查记录	检查结果
一般项目	3允许偏差	金属板面层	表面平整度	3 mm	用2 m靠尺和楔形塞尺检查	/		
			标高	±4 mm	用水准仪检查	/		
		坡度	不大于房间相应尺寸的2/1 000,且不大于30 mm		用坡度尺检查	/		
		厚度	在个别地方不大于设计厚度的1/10,且不大于20 mm		用钢尺检查	/		
施工单位检查结果		专业工长: 项目专业质量检查员: 年 月 日			监理(建设)单位验收结论	专业监理工程师: (建设单位项目专业技术负责人): 年 月 日	

注:1. 检查数量:按每一层或每施工段(或变形缝)划分检验批,高层建筑的标准层按每三层(不足三层按三层计)划分检验批;每检验批抽查数量应随机检验不少于3间,不足3间应全检(走廊或过道以10延长米为1间,厂房以单跨、礼堂或门厅以两个轴线为1间);有防水要求的,每检验批抽检4间,不足4间全检。

2. 合格判定标准:主控项目必须达到本表所列规定的质量标准;一般项目80%以上的检查点(处)符合本表所列规定的质量要求,其他检查点(处)无明显影响使用、无大于允许偏差值50%的偏差为合格。

3. 有防水要求的建筑地面工程,铺设前必须对立管、套管和地漏与楼板节点之间进行密封处理,并应进行隐蔽验收;排水坡度应符合设计要求。

5)地面隔离层检验批质量验收记录

①地面隔离层施工工艺流程:进场复试→技术交底→准备机具设备→基底清理→涂刷底胶→细部附加层→第一层涂膜→第二层涂膜→第三层涂膜和撒粗砂。

②基本规定:

a.隔离层的材料,其材质应经有资质的检测单位认定,进场后必须经复试合格方可使用。

b.在水泥类找平层上铺设沥青类防水卷材、防水涂料或以水泥类材料作为防水隔离层时,其表面应坚固、洁净、干燥。铺设前,应涂刷基层处理剂。基层处理剂应采用与卷材性能配套的材料或采用同类涂料的冷底子油。

c.当采用掺有防水剂的水泥类找平层作为防水隔离层时,其掺量和强度等级(或配合比)应符合设计要求。

d.铺设防水隔离层时,在管道穿过楼板面四周,防水材料应向上铺涂,并超过套管的上口;在靠近墙面处,应高出面层200～300 mm或按设计要求的高度铺涂。阴阳角和管道穿过楼板面的根部,应增加铺涂附加防水隔离层。

e.防水材料铺设后,必须蓄水检验。蓄水深度应为20～30 mm,24 h内无渗漏为合格,并做记录。

地面隔离层检验批质量验收记录

GB 50209—2010

桂建质 031201（Ⅸ） | 0 | 0 | 1

单位(子单位) 工程名称			分部(子分部) 工程名称	建筑装饰装修 （地面）	分项工程 名称	基层铺设
施工单位			项目负责人		检验批容量	
分包单位			分包单位 项目负责人		检验批部位	
施工依据		建筑装饰装修施工方案		验收依据	《建筑地面工程施工质量 验收规范》GB 50209—2010	

	验收项目		设计要求及规范规定		最小√实际 抽样数量	检查记录	检查结果
主控项目	1	材料质量	符合设计要求和国家现行有关标准的规定	观察检查和检查型式检验报告、出厂检验报告、出厂合格证	／		
	2	材料进场检验	卷材类、涂料类隔离层材料进入施工现场,对材料的主要物理性能指标进行复验	检查复验报告			
	3	隔离层设置要求	厕浴间和有防水要求的建筑地面必须设置防水隔离层。楼层结构必须采用现浇混凝土或整块预制混凝土板,混凝土强度等级≥C20;房间的楼板四周除门洞外,应做混凝土翻边,高度≥200 mm,宽同墙厚,混凝土强度等级≥C20。施工时结构层标高和预留孔洞位置准确,严禁乱凿洞	观察和钢尺检查	／		
	4	水泥类防水隔离层	防水等级和强度等级应符合设计要求	观察检查和检查防水等级检测报告、强度等级检测报告	／		
	5	防水隔离层要求	严禁渗漏,坡向正确、排水通畅	观察检查和蓄水、泼水检验,坡度尺检查及检查验收记录	／		

141

续表

验收项目		设计要求及规范规定		最小/实际抽样数量	检查记录	检查结果
一般项目	1 隔离层厚度	符合设计要求	观察检查和用钢尺、卡尺检查			
	2 隔离层与下一层黏结	黏结牢固,无空鼓;防水涂层平整均匀,无脱皮、起壳、裂缝、鼓泡等缺陷	用小锤轻击检查和观察检查	/		
	3 允许偏差 表面平整度	3 mm	用2 m靠尺和楔形塞尺检查	/		
	标高	±4 mm	用水准仪检查			
	坡度	不大于房间相应尺寸的2/1 000,且不大于30 mm	用坡度尺检查			
	厚度	在个别地方不大于设计厚度的1/10,且不大于20 mm	用钢尺检查	/		
施工单位检查结果	专业工长: 项目专业质量检查员: 年 月 日			监理(建设)单位验收结论	专业监理工程师: (建设单位项目专业技术负责人): 年 月 日	

注:1. 检查数量:按每层或每施工段或以变形缝为界划分检验批,高层建筑的标准层按每三层划分检验批。每检验批抽检3间,不足3间全检(走廊或过道以10延长米,厂房以单跨、礼堂或门厅以两轴为1间);有防水要求的,每检验批抽检4间,不足4间全检。主控项目第4条:检验水泥混凝土和水泥砂浆强度的试块,每一层(或检验批)建筑地面工程不少于1组,工程面积大于1 000 m² 时,每增加1 000 m²增做1组试块;小于1 000 m²按1 000 m²计算,取样1组;检验散水、明沟、踏步、台阶、坡道的水泥混凝土、水泥砂浆强度的试块,应按每150延长米不少于1组。

2. 合格判定标准:主控项目必须达到本表所列规定的质量标准;一般项目80%以上的检查点(处)符合本表所列规定的质量要求,其他检查点(处)无明显影响使用、无大于允许偏差值50%的偏差为合格。

3. 隔离层施工质量检验符合现行国家标准《屋面工程质量验收规范》GB 50207的有关规定。

2. 整体面层铺设分项

1)整体面层铺设分项工程质量验收记录

整体面层铺设分项工程质量验收记录在分项工程所含检验批验收完毕后进行。

整体面层铺设分项工程质量验收记录

桂建质(分项A类)

单位(子单位)工程名称		分部(子分部)工程名称		
检验批数量		分项工程专业质量检查员		
施工单位		项目负责人		项目技术负责人
分包单位		分包单位项目负责人		分包内容

序号	检验批名称	检验批容量	部位/区段	施工单位检查结果	监理(建设)单位验收意见
1					
2					
3					
4					
5					
6					
7					
8					
9					
10					
11					
12					

说明：

施工单位检查结果	项目专业技术负责人： 年　月　日
监理(建设)单位验收结论	专业监理工程师： (建设单位项目专业技术负责人)： 年　月　日

注：本表(分项 A 类)适用于不涉及全高垂直度检查、无特殊要求的分项工程。混凝土现浇结构、混凝土装配结构、砖砌体、混凝土小型空心砌块砌体、石砌体分项工程质量验收记录使用分项 B 类表格。

2)地面水泥砂浆面层检验批质量验收记录

①地面水泥砂浆面层施工工艺流程:检验水泥、砂子质量→配合比试验→技术交底→准备机具设备→基底处理→找标高→贴饼冲筋→搅拌→铺设砂浆面层→搓平→压光→养护→检查验收。

②基本规定:

a. 水泥砂浆面层的厚度应符合设计要求,且不应小于 20 mm。

b. 当水泥砂浆垫层铺设在水泥类基层上时,其基层的抗压强度不得小于 1.2 MPa。基层表面应粗糙、洁净、湿润，并不得有积水，铺设前宜涂刷界面处理剂。

c. 面层施工后，养护时间不得少于 7 d；抗压强度达到 5 MPa 后，方准上人行走；抗压强度达到设计要求后，方可正常使用。

d. 当采用掺有水泥拌合料做踢脚线时，不得用石灰砂浆打底。

e. 面层的抹平工作应在水泥初凝前完成，压光工作应在水泥终凝前完成。

f. 面层的允许偏差应符合现行国家标准《建筑地面工程施工质量验收规范》GB 50209—2010 的规定。

地面水泥砂浆面层检验批质量验收记录

GB 50209—2010   桂建质 031202（Ⅱ） ☐0☐0☐1

单位（子单位）工程名称			分部（子分部）工程名称	建筑装饰装修（地面）	分项工程名称	整体面层铺设
施工单位			项目负责人		检验批容量	
分包单位			分包单位项目负责人		检验批部位	
施工依据		建筑装饰装修施工方案	验收依据	《建筑地面工程施工质量验收规范》GB 50209—2010		
	验收项目	设计要求及规范规定	最小/实际抽样数量	检查记录		检查结果
主控项目	1 材料质量	采用硅酸盐水泥、普通硅酸盐水泥，不同品种、不同强度等级的水泥不应混用；砂为中粗砂，当采用石屑时，其粒径为 1～5 mm，且含泥量≤3%；防水水泥砂浆采用的砂或石屑，其含泥量≤1%	观察检查和检查质量合格证明文件	/		
	2 外加剂	技术性能符合国家现行有关标准的规定，品种和掺量经试验确定	观察检查和检查质量合格证明文件、配合比试验报告	/		
	3 体积比（强度等级）	符合设计要求，且体积比应为1:2，强度等级不应小于 M15	检查强度等级检测报告	/		
	4 排水坡向	坡向正确，排水通畅；防水水泥砂浆面层无渗漏	观察检查和蓄水、泼水检验或坡度尺检查及检查检验记录	/		
	5 面层与下层结合	结合牢固，无空鼓、开裂	观察和用小锤轻击检查	/		

续表

	验收项目	设计要求及规范规定		最小/实际抽样数量	检查记录	检查结果
一般项目	1 表面质量	洁净,无裂纹、脱皮、麻面、起砂现象	观察检查	/		
	2 表面坡度	符合设计要求,不应有倒泛水和积水现象	观察和采用泼水或用坡度尺检查	/		
	3 水泥砂浆踢脚线	与柱、墙面紧密结合,高度和出柱、墙厚度符合设计要求且均匀一致	用小锤轻击、钢尺和观察检查	/		
	4 楼梯、台阶踏步	宽度、高度符合设计要求,踏步面层做防滑处理,齿角整齐,防滑条顺直、牢固	观察和钢尺检查	/		
		相邻踏步高度差≤10 mm,每踏步两端宽度差≤10 mm(旋转梯为≤5 mm)		/		
	5 表面允许偏差	表面平整度 4 mm	用2 m靠尺和楔形塞尺检查	/		
		踢脚线上口平直 4 mm	拉5 m线和钢尺检查	/		
		缝格顺直 3 mm		/		
施工单位检查结果	专业工长: 项目专业质量检查员: 年　月　日		监理(建设)单位验收结论	专业监理工程师: (建设单位项目专业技术负责人): 年　月　日		

注:1. 检查数量:按每一层或每施工段(或变形缝)划分检验批,高层建筑的标准层按每三层(不足三层按三层计)划分检验批;每检验批抽查数量应随机检验不少于3间,不足3间应全检(走廊或过道以10延长米为1间,厂房以单跨、礼堂或门厅以两个轴线为1间);有防水要求的,每检验批抽检4间,不足4间全检。

2. 合格判定标准:主控项目必须达到本表所列规定的质量标准;一般项目80%以上的检查点(处)符合本表所列规定的质量要求,其他检查点(处)无明显影响使用、无大于允许偏差值50%的偏差为合格。

3. 面层空鼓面积≤400 cm²,且每自然间或标准间不多于2处;踢脚线局部空鼓长度≤300 mm,且每自然间或标准间不多于2处。

3. 板块面层铺设分项

1)板块面层铺设分项工程质量验收记录

板块面层铺设分项工程质量验收记录在分项工程所含检验批验收完毕后进行。

板块面层铺设分项工程质量验收记录

桂建质(分项 A 类)

单位(子单位) 工程名称			分部(子分部) 工程名称			
检验批数量			分项工程专 业质量检查员			
施工单位			项目负责人		项目技术 负责人	
分包单位			分包单位 项目负责人		分包内容	

序号	检验批名称	检验批容量	部位/区段	施工单位 检查结果	监理(建设)单位 验收意见
1					
2					
3					
4					
5					
6					
7					
8					
9					
10					
11					
12					

说明:

施工单位 检查结果	项目专业技术负责人: 年　月　日
监理(建设) 单位验收结论	专业监理工程师: (建设单位项目专业技术负责人): 年　月　日

注:本表(分项 A 类)适用于不涉及全高垂直度检查、无特殊要求的分项工程。混凝土现浇结构、混凝土装配结构、砖砌体、
混凝土小型空心砌块砌体、石砌体分项工程质量验收记录使用分项 B 类表格。

2）地面砖面层检验批质量验收记录

①地面砖面层施工工艺流程:检验水泥、砂、砖质量→试验→技术交底→选砖→准备机具设备→排砖→找标高→基底处理→铺抹结合层砂浆→铺砖→养护→勾缝→检查验收。

②基本规定:

a.地面砖面层应采用陶瓷锦砖、缸砖、陶瓷地砖和水泥花砖,应在结合层上铺设。

b.有防腐蚀要求的地面砖面层采用的耐酸瓷砖、浸渍沥青砖、缸砖的材质、铺设以及施工质量验收应符合现行国家标准《建筑防腐蚀工程施工规范》GB 50212—2014 的规定。

c.在水泥砂浆结合层上铺贴缸砖、陶瓷地砖和水泥花砖面层时,应符合下列规定:

● 在铺贴前,应对砖的规格尺寸、外观质量、色泽等进行预选,浸水湿润晾干待用。

● 勾缝和压缝应采用同品种、同强度等级、同颜色的水泥,并做养护和保护。

d.在水泥砂浆结合层上铺设陶瓷锦砖面层时,砖底面应洁净,每联陶瓷锦砖之间、与结合层之间以及在墙角、镶边和靠墙处,应紧密结合。在靠墙处不得采用砂浆填补。

e.在沥青胶结料结合层上铺贴缸砖面层时,缸砖应干净,铺贴时应在摊铺热沥青胶结料上进行,并应在凝结前完成。

f.采用胶黏剂在结合层上粘贴地面砖面层时,胶黏剂选用应符合现行国家标准《民用建筑工程室内环境污染控制标准》GB 50325—2020 的规定。

g.地面砖面层的允许偏差应符合现行国家标准《建筑地面工程施工质量验收规范》GB 50209—2010 的规定。

地面砖面层检验批质量验收记录

GB 50209—2010   桂建质 031203（Ⅰ） 0 0 1

单位(子单位) 工程名称			分部(子分部) 工程名称	建筑装饰装修 (地面)	分项 工程名称	板块面层 铺设
施工单位			项目负责人		检验批容量	
分包单位			分包单位 项目负责人		检验批部位	
施工依据		建筑装饰装修施工方案		验收依据	《建筑地面工程施工质量 验收规范》GB 50209—2010	
		验收项目	设计要求及规范规定	最小/实际 抽样数量	检查记录	检查结果
主控项目	1	材料质量	符合设计要求和国家现行有关标准的规定	观察检查和检查型式检验报告、出厂检验报告、出厂合格证	/	
	2	板块进场	有放射性限量检测合格报告	检查检测报告	/	
	3	面层与下一层	结合(黏结)牢固,无空鼓	用小锤轻击检查	/	

147

续表

	验收项目	设计要求及规范规定		最小/实际抽样数量	检查记录	检查结果
一般项目	1 表面质量	洁净、图案清晰、色泽一致、接缝平整、深浅一致、周边顺直。板块无裂纹、掉角和缺楞等缺陷		观察检查	/		
	2 邻接处镶边用料	用料及尺寸符合设计要求，边角应整齐、光滑		观察和用钢尺检查	/		
	3 表面坡度	符合设计要求，不倒泛水，无积水；与地漏、管道结合处严密牢固，无渗漏		观察和采用泼水或用坡度尺检查	/		
	4 踢脚线	表面洁净，与柱、墙面的结合应牢固。高度及出柱、墙厚度应符合设计要求，且均匀一致		用小锤轻击、钢尺和观察检查	/		
	5 楼梯踏步和台阶板块	宽度、高度符合设计要求。板块缝隙宽度一致；楼层梯段相邻踏步高度差≤10 mm；每踏步两端宽度差≤10 mm（旋转楼梯梯段≤5 m）；做防滑处理，齿角整齐，防滑条顺直、牢固		观察和钢尺检查	/		
	6 表面允许偏差	表面平整度	缸砖	4.0 mm	用 2 m 靠尺和楔形塞尺检查	/		
			水泥花砖	3.0 mm		/		
			陶瓷锦砖、陶瓷地砖	2.0 mm		/		
		接缝高低差	陶瓷锦砖、陶瓷地砖、水泥花砖	0.5 mm	用钢尺和楔形塞尺检查	/		
			缸砖	1.5 mm		/		
		缝格平直		3.0 mm		/		
		踢脚线上口平直	陶瓷锦砖、陶瓷地砖	3.0 mm	拉 5m 线和钢尺检查	/		
			缸砖	4.0 mm		/		
		板块间隙宽度		2.0 mm	钢尺检查	/		

148

续表

施工单位检查结果	专业工长: 项目专业质量检查员: 　　　　　年　月　日		监理 (建设) 单位 验收结论	专业监理工程师: (建设单位项目专业技术负责人): 　　　　　年　月　日

注:1. 检查数量:按每一层或每施工段(或变形缝)划分检验批,高层建筑的标准层按每三层(不足三层按三层计)划分检验批;每检验批抽查数量应随机检验不少于3间,不足3间应全检(走廊或过道以10延长米为一间,厂房以单跨、礼堂或门厅以两个轴线为1间);有防水要求的,每检验批抽检4间,不足4间全检。

　　2. 合格判定标准:主控项目必须达到本表所列规定的质量标准;一般项目80%以上的检查点(处)符合本表所列规定的质量要求,其他检查点(处)无明显影响使用、无大于允许偏差值50%的偏差为合格。

　　3. 单块砖边角允许有局部空鼓,但每自然间或标准间的空鼓砖不超过总数的5%。

4. 建筑地面子分部工程质量验收记录

建筑地面子分部工程质量验收记录

GB 50209—2010　　　　　　　　　　　　　　　　　　　　　桂建质 0312

单位(子单位) 工程名称			分部工程 名称	建筑装饰 装修	分项工程 数量	
施工单位			项目负责人		技术(质量) 负责人	
分包单位			分包单位 负责人		分包内容	

序号	分项工程名称		检验批数	施工单位检查结果	序号	分项工程名称	检验批数	施工单位检查结果
1	基层铺设	基土			3	整体面层铺设	水泥混凝土面层		
		灰土垫层				水泥砂浆面层		
		砂垫层和砂石垫层				水磨石面层		
		碎石垫层和碎砖垫层				硬化耐磨面层		
		三合土垫层和四合土垫层				防油渗面层		
						不发火(防爆)面层		
		炉渣垫层				自流平面层		
						涂料面层		
		水泥混凝土垫层和陶粒混凝土垫层				塑胶面层		
						地面辐射供暖的整体面层		

续表

序号	分项工程名称		检验批数	施工单位检查结果	序号	分项工程名称		检验批数	施工单位检查结果
1	基层铺设	找平层			4	板块面层铺设	砖面层		
		隔离层					大理石面层和花岗石面层		
		填充层					预制板块面层		
		绝热层					料石面层		
							塑料板面层		
2	竹面层铺设	实木地板、实木集成地板、竹地板面层					活动地板面层		
		实木复合地板面层					金属板面层		
		浸渍纸层压木质地板面层					地毯面层		
		软木类地板面层					地面辐射供暖的板块面层		
		地面辐射供暖的木板面层							

质量控制资料检查结论	（按附表第 1～13 项检查） 共　　项,经查符合要求　　项,经核定符合规范要求　　项	安全和功能检验（检测）报告检查结论	（按附表第 14～18 项检查） 共核查　　项,符合要求　　项,经返工处理符合要求　　项
观感验收记录	1.共抽查　　项,符合要求　　项,不符合要求　　项 2.观感质量评价:	验收组验收结论	（合格或不合格、是否同意验收的结论）

勘察单位 项目负责人: 年 月 日	设计单位 项目负责人: 年 月 日	分包单位 项目负责人: 年 月 日 施工单位 项目负责人: 年 月 日	监理(建设)单位 项目负责人: 年 月 日

注:"经核定符合规范要求　　项"是指初验未通过的项目,按《建筑工程施工质量验收统一标准》GB 50300—2013 第 5.0.6
　　条处理的情况。

地面子分部工程资料检查表

GB 50209—2010　　　　　　　　　　　　　　　　　　　　桂建质 0312 附表

序号	检查内容	份数	监理单位检查意见
1	设计图纸/变更文件	/	
2	水泥合格证/试验报告	/	
3	砂/石检验单	/	
4	块材合格证/试验报告		
5	防油渗涂料合格证/试验报告		
6	防水材料合格证/试验报告		
7	其他材料合格证/试验报告		
8	各种配合比通知单		
9	各层强度检验报告和测定记录/各层密实度检验报告和测定记录	/	
10	隐蔽工程检查验收记录		
11	施工记录		
12	重大质量问题处理方案/验收记录	/	
13	分项工程质量验收记录——桂建质(分项 A 类)		
14	室内用花岗石、大理石放射性检测报告		
15	实木(复合)地板甲醛含量检测报告		
16	蓄水/泼水检验记录	/	
17	防油渗面层性能检测报告		
18	防爆面层性能检测报告		

检查人:

年　月　日

注:检查意见分两种:合格打"√",不合格打"×"。

151

任务二 抹灰工程予分部

知识构成

①抹灰工程的质量关键是黏结牢固,无开裂、空鼓与脱落。如果黏结不牢,出现空鼓、开裂、脱落等缺陷,会降低对墙体的保护作用,且影响装饰效果。抹灰层之所以出现开裂、空鼓和脱落等质量问题,主要原因是基体表面清理不干净,如基体表面尘埃及疏松物、脱模剂和油渍等影响抹灰黏结牢固的物质未彻底清除干净;基体表面光滑,抹灰前未做毛化处理;抹灰前基体表面浇水不透,抹灰后砂浆中的水分很快被基体吸收,使砂浆质量不好;使用不当,一次抹灰过厚,干缩率较大等,都会影响抹灰层与基体的黏结牢固。

②抹灰部位的主体结构分部工程均经过建设、设计、监理、施工单位等共同验收并签认。门窗框及需要预埋的管线已安装完毕,并经检查验收合格。

③抹灰用的脚手架应先搭好,架子要离开墙面 200～250 mm,搭好脚手板,防止灰落在地面,造成浪费。

④将混凝土墙等表面凸出部分凿平,蜂窝、麻面、露筋、疏松部分等凿到实处,用 1∶2.5 水泥砂浆分层补平,把外露钢筋头和铅丝头等清除掉。

⑤对于砖墙,应在抹灰前一天浇水湿透;对于加气混凝土砌块墙,因其吸水速度较慢,应提前两天进行浇水,每天宜浇两遍以上。

课堂活动

结合工程实例(见本书所附图纸)及表3-3,让学生独立找出本工程案例中一般抹灰分项工程的相关施工质量验收表格。

学生分组讨论,然后独立填写一般抹灰分项工程的相关施工质量验收表格。

1.一般抹灰分项工程

1)一般抹灰分项工程质量验收记录

一般抹灰分项工程质量验收记录在分项工程所含检验批验收完毕后进行。

一般抹灰分项工程质量验收记录

桂建质(分项 A 类)

单位(子单位) 工程名称		分部(子分部) 工程名称		
检验批数量		分项工程专业 质量检查员		
施工单位		项目负责人	项目技术 负责人	

152

续表

分包单位			分包单位 项目负责人		分包内容	
序号	检验批名称	检验批容量	部位/区段		施工单位 检查结果	监理(建设)单位 验收意见
1						
2						
3						
4						
5						
6						
7						
8						
9						
10						
11						
12						
说明:						
施工单位 检查结果				项目专业技术负责人: 　　　　　　　　　年　月　日		
监理(建设) 单位验收结论				专业监理工程师: (建设单位项目专业技术负责人): 　　　　　　　　　年　月　日		

注:本表(分项A类)适用于不涉及全高垂直度检查、无特殊要求的分项工程。混凝土现浇结构、混凝土装配结构、砖砌体、
混凝土小型空心砌块砌体、石砌体分项工程质量验收记录使用分项B类表格。

【填写说明】

①分项工程质量验收记录是在检验批验收合格的前提下,对该分项包含的检验批质量验收记录进行汇总、核查的记录资料,通常起归纳整理的作用,没有实际验收内容。

②本表由施工单位项目专业质量检查员填写检查记录,项目专业质量(技术)负责人填写检查结果,监理工程师(建设单位项目技术负责人)进行检查验收并填写验收结论。

③表头中的工程名称、结构类型、施工单位、分包单位、检验批数均应填写清楚,评定和验

收人员签字应齐全。

④检验批部位/区段应填写该分项工程所包含的检验批名称。同一分项工程有多个检验批时,应分别填写检验批名称。若检验批太多,一张表容纳不下,可续表。

⑤施工单位检查结果应填写质量验收记录是否完整,是否符合设计和规范要求,评定结果应写明该分项工程质量是否合格。

⑥监理(建设)单位验收结论应写明是否同意后续工程施工。

⑦分项工程质量验收记录一式四份,由施工单位统一归档整理,单位工程竣工后分别交建设单位、监理单位、城建档案馆各一份,施工单位自存一份。

2)1层厨房、卫生间室内墙面抹灰工程施工过程中一般抹灰检验批质量验收记录

(1)工艺流程

基层处理→吊直、套方、找规矩、贴灰饼→墙面冲筋(设置标筋)→做护角→抹水泥窗台板→抹底灰→抹中层灰→抹水泥砂浆罩面灰(包括水泥踢脚板、墙裙等)→抹墙面罩面灰→养护。

(2)应注意的质量问题

①黏结不牢、空鼓、裂缝:这是加气混凝土墙面抹灰最常见的通病之一,主要原因是基层清扫不干净,用水冲刷,湿润不够,不刮素水泥浆,砂浆在强度增长、硬化过程中自身产生不均匀的收缩应力,形成干缩裂缝。改进措施:可采用喷洒防裂剂或涂刷掺107胶的素水泥浆,增强黏结作用,减少砂浆的收缩应力,提高砂浆早期抗拉强度,改善抹灰基层处理及砂浆配合比是解决加气混凝土墙面抹面空鼓、裂缝的关键。同时砂浆面抗拉强度的提高,足以抗拒砂浆表面的收缩应力,待砂浆强度增长以后,就足以承受收缩应力的影响,从而阻止空鼓、干缩、裂缝的出现。

②抹灰层过厚:抹灰层的厚度大大超过规定,尤其是一次成活,将抹灰层坠裂。抹灰层的厚度应通过冲筋进行控制,保持 15~20 mm 为宜。操作时应分层、间歇抹灰,每遍厚度宜为 7~8 mm,应在第一遍灰终凝后再抹第二遍,切忌一遍成活。

③门窗框边缝隙不塞灰或塞灰不实,预埋木砖间距大,木砖松动,反复开关振动,在窗框两侧产生空鼓、裂缝:应把门窗塞缝当作一个工序由专人负责,木砖必须预埋在混凝土砌块内,随着墙体砌筑按规定间距摆放。加气混凝土墙体的门框周边宜做成钢筋混凝土小柱,小柱内预埋木砖最为妥当。

一般抹灰检验批质量验收记录

GB 50210—2018   桂建质 030101 ⬚0⬚ ⬚0⬚ ⬚1⬚（一）

单位(子单位)工程名称		分部(子分部)工程名称	建筑装饰装修(抹灰工程)	分项工程名称	一般抹灰
施工单位		项目负责人		检验批容量	
分包单位		分包单位项目负责人		检验批部位	
施工依据	《抹灰砂浆技术规程》JGJ/T 220—2010		验收依据	《建筑装饰装修工程质量验收标准》GB 50210—2018	

续表

	验收项目		设计要求及规范规定	最小/实际抽样数量	检查记录	检查结果
主控项目	1	材料品种和性能	一般抹灰所用材料的品种和性能应符合设计要求及国家现行标准的有关规定	检查产品合格证书、进场验收记录、性能检验报告和复验报告	/	
	2	基层清理	抹灰前基层表面的尘土、污垢和油渍等应清除干净,并应洒水润湿或进行界面处理	检查施工记录	/	
	3	操作要求	抹灰工程应分层进行。当抹灰总厚度大于或等于35 mm时,应采取加强措施。不同材料基体交接处表面的抹灰,应采取防止开裂的加强措施,当采用加强网时,加强网与各基体的搭接宽度不应小于100 mm	检查隐蔽工程验收记录和施工记录	/	
	4	各层黏结和面层质量	抹灰层与基层之间及各抹灰层之间应黏结牢固,抹灰层应无脱层和空鼓,面层应无爆灰和裂缝	观察;用小锤轻击检查;检查施工记录	/	
一般项目	1	表面质量 普通抹灰	表面应光滑、洁净、接槎平整,分格缝应清晰	观察;手摸检查	/	
		表面质量 高级抹灰	表面应光滑、洁净、颜色均匀、无抹纹,分格缝和灰线应清晰美观		/	
	2	细部质量	护角、孔洞、槽、盒周围的抹灰表面应整齐、光滑;管道后面的抹灰表面应平整	观察	/	
	3	抹灰层 抹灰层总厚度	抹灰层的总厚度应符合设计要求	检查施工记录	/	
		抹灰层 层间材料要求	水泥砂浆不得抹在石灰砂浆层上;罩面石膏灰不得抹在水泥砂浆层上		/	
	4	抹灰分格缝设置	抹灰分格缝的设置应符合设计要求,宽度和深度应均匀,表面应光滑,棱角应整齐	观察;尺量检查	/	

续表

		验收项目	设计要求及规范规定	最小∕实际抽样数量	检查记录	检查结果
一般项目	5	滴水线(槽)	有排水要求的部位应做滴水线(槽)。滴水线(槽)应整齐顺直,滴水线应内高外低,滴水槽的宽度和深度应满足设计要求,且均不应小于 10 mm	观察;尺量检查	∕	

一般抹灰检验批质量验收记录

GB 50210—2018   桂建质 030101 ⬚0 ⬚0 ⬚1 (二)

		验收项目	设计要求及规范规定			最小∕实际抽样数量	检查记录	检查结果
				普通抹灰	高级抹灰			
一般项目	6	立面垂直度	允许偏差(mm)	4	3		用 2 m 垂直检测尺检查	∕	
		表面平整度		4	3	用 2 m 靠尺和塞尺检查	∕	
		阴阳角方正		4	3	用 200 mm 直角检测尺检查	∕	
		分格条(缝)直线度		4	3	拉 5 m 线,不足 5 m 拉通线,用钢直尺检查	∕	
		墙裙、勒脚上口直线度		4	3		∕	

施工单位检查结果	专业工长: 项目专业质量检查员: 年 月 日
监理(建设)单位验收结论	专业监理工程师: (建设单位项目专业技术负责人): 年 月 日

注:1. 一般抹灰工程分普通抹灰和高级抹灰,当设计无要求时,按普通抹灰验收。一般抹灰包括水泥砂浆、水泥混合砂浆、聚合物水泥砂浆和粉刷石膏等抹灰。
2. 检验批的划分:
①相同材料、工艺和施工条件的室外抹灰工程每 1 000 m² 应划分为一个检验批,不足 1 000 m² 也应划分为一个检验批。
②相同材料、工艺和施工条件的室内抹灰工程每 50 个自然间应划分为一个检验批,不足 50 间也应划分为一个检验批,大面积房间和走廊按抹灰面积每 30 m² 计为 1 间。
3. 检查数量:
①室内每个检验批应至少抽查 10%,并不得少于 3 间;不足 3 间时应全数检查。
②室外每个检验批每 100 m² 应至少抽查一处,每处不得小于 10 m²。
4. 一般项目第 6 项中,对于普通抹灰,"阴阳角方正"可不检查;对于顶棚抹灰,"表面平整度"可不检查,但应平顺。

3)2 层至 9 层厨房、卫生间室内墙面抹灰工程施工过程中一般抹灰检验批质量验收记录

要求学生参照 1 层厨房、卫生间室内墙面抹灰工程施工所需填写的质量验收资料,分组讨论,然后运用工程资料软件,在计算机上操作完成填写。

4)1 层客厅、卧室室内墙面抹灰工程施工过程中一般抹灰检验批质量验收记录

一般抹灰检验批质量验收记录

GB 50210—2018

桂建质 030101 ⬚0⬚⬚0⬚⬚1⬚（一）

单位(子单位)工程名称			分部(子分部)工程名称	建筑装饰装修（抹灰工程）	分项工程名称	一般抹灰
施工单位			项目负责人		检验批容量	
分包单位			分包单位项目负责人		检验批部位	
施工依据			《抹灰砂浆技术规程》JGJ/T 220—2010	验收依据	《建筑装饰装修工程质量验收标准》GB 50210—2018	
		验收项目	设计要求及规范规定	最小/实际抽样数量	检查记录	检查结果
主控项目	1	材料品种和性能	一般抹灰所用材料的品种和性能应符合设计要求及国家现行标准的有关规定	/	检查产品合格证书、进场验收记录、性能检验报告和复验报告	
	2	基层清理	抹灰前基层表面的尘土、污垢和油渍等应清除干净,并应洒水润湿或进行界面处理	/	检查施工记录	
	3	操作要求	抹灰工程应分层进行。当抹灰总厚度大于或等于 35 mm 时,应采取加强措施。不同材料基体交接处表面的抹灰,应采取防止开裂的加强措施,当采用加强网时,加强网与各基体的搭接宽度不应小于 100 mm	/	检查隐蔽工程验收记录和施工记录	
	4	各层黏结和面层质量	抹灰层与基层之间及各抹灰层之间应黏结牢固,抹灰层应无脱层和空鼓,面层应无爆灰和裂缝	/	观察;用小锤轻击检查;检查施工记录	

续表

一般项目		验收项目		设计要求及规范规定	最小/实际抽样数量	检查记录	检查结果
一般项目	1	表面质量	普通抹灰	表面应光滑、洁净、接槎平整,分格缝应清晰	观察;手摸检查 /		
			高级抹灰	表面应光滑、洁净、颜色均匀、无抹纹,分格缝和灰线应清晰美观	/		
	2	细部质量		护角、孔洞、槽、盒周围的抹灰表面应整齐、光滑;管道后面的抹灰表面应平整	观察 /		
	3	抹灰层	抹灰层总厚度	抹灰层的总厚度应符合设计要求	检查施工记录 /		
			层间材料要求	水泥砂浆不得抹在石灰砂浆层上;罩面石膏灰不得抹在水泥砂浆层上	/		
	4	抹灰分格缝设置		抹灰分格缝的设置应符合设计要求,宽度和深度应均匀,表面应光滑,棱角应整齐	观察;尺量检查 /		
	5	滴水线(槽)		有排水要求的部位应做滴水线(槽)。滴水线(槽)应整齐顺直,滴水线应内高外低,滴水槽的宽度和深度应满足设计要求,且均不应小于10 mm	观察;尺量检查 /		

一般抹灰检验批质量验收记录

GB 50210—2018　　　　　　　　　　　　　　　　桂建质 030101 | 0 | 0 | 1 |（二）

一般项目		验收项目		设计要求及规范规定			最小/实际抽样数量	检查记录	检查结果
				普通抹灰	高级抹灰				
一般项目	6	立面垂直度	允许偏差(mm)	4	3	用2 m垂直检测尺检查	/		
		表面平整度		4	3	用2 m靠尺和塞尺检查	/		
		阴阳角方正		4	3	用200 mm直角检测尺检查	/		

续表

		验收项目	设计要求及规范规定			最小/实际抽样数量	检查记录	检查结果
一般项目				普通抹灰	高级抹灰			
	6	分格条(缝)直线度	允许偏差(mm)	4	3	拉5 m线,不足5 m拉通线,用钢直尺检查	/	
		墙裙、勒脚上口直线度		4	3		/	
施工单位检查结果			专业工长: 项目专业质量检查员:					年　月　日
监理(建设)单位验收结论			专业监理工程师: (建设单位项目专业技术负责人):					年　月　日

注:1.一般抹灰工程分普通抹灰和高级抹灰,当设计无要求时,按普通抹灰验收。一般抹灰包括水泥砂浆、水泥混合砂浆、聚合物水泥砂浆和粉刷石膏等抹灰。

2.检验批的划分:
①相同材料、工艺和施工条件的室外抹灰工程每1 000 m²应划分为一个检验批,不足1 000 m²也应划分为一个检验批。
②相同材料、工艺和施工条件的室内抹灰工程每50个自然间应划分为一个检验批,不足50间也应划分为一个检验批,大面积房间和走廊按抹灰面积每30 m²计为1间。

3.检查数量:
①室内每个检验批应至少抽查10%,并不得少于3间;不足3间时应全数检查。
②室外每个检验批每100 m²应至少抽查一处,每处不得小于10 m²。

4.一般项目第6项中,对于普通抹灰,"阴阳角方正"可不检查;对于顶棚抹灰,"表面平整度"可不检查,但应平顺。

5)2层至9层客厅、卧室室内墙面抹灰工程施工过程中一般抹灰检验批质量验收记录

要求学生参照1层客厅、卧室室内墙面抹灰工程施工所需填写的质量验收资料,分组讨论,然后运用工程资料软件,在计算机上操作完成填写。

6)1层至9层门厅、电梯厅、楼梯间室内墙面抹灰工程施工过程中一般抹灰检验批质量验收记录

一般抹灰检验批质量验收记录

GB 50210—2018　　　　　　　　　　　　　　　桂建质 030101 [0][0][1] (一)

单位(子单位)工程名称		分部(子分部)工程名称	建筑装饰装修(抹灰工程)	分项工程名称	一般抹灰
施工单位		项目负责人		检验批容量	
分包单位		分包单位项目负责人		检验批部位	
施工依据	《抹灰砂浆技术规程》JGJ/T 220—2010	验收依据		《建筑装饰装修工程质量验收标准》GB 50210—2018	

续表

	验收项目		设计要求及规范规定		最小/实际抽样数量	检查记录	检查结果
主控项目	1	材料品种和性能	一般抹灰所用材料的品种和性能应符合设计要求及国家现行标准的有关规定	检查产品合格证书、进场验收记录、性能检验报告和复验报告	/		
	2	基层清理	抹灰前基层表面的尘土、污垢和油渍等应清除干净,并应洒水润湿或进行界面处理	检查施工记录	/		
	3	操作要求	抹灰工程应分层进行。当抹灰总厚度大于或等于35 mm时,应采取加强措施。不同材料基体交接处表面的抹灰,应采取防止开裂的加强措施,当采用加强网时,加强网与各基体的搭接宽度不应小于100 mm	检查隐蔽工程验收记录和施工记录	/		
	4	各层黏结和面层质量	抹灰层与基层之间及各抹灰层之间应黏结牢固,抹灰层应无脱层和空鼓,面层应无爆灰和裂缝	观察;用小锤轻击检查;检查施工记录	/		
一般项目	1	表面质量 普通抹灰	表面应光滑、洁净、接槎平整,分格缝应清晰	观察;手摸检查	/		
		表面质量 高级抹灰	表面应光滑、洁净、颜色均匀、无抹纹,分格缝和灰线应清晰美观		/		
	2	细部质量	护角、孔洞、槽、盒周围的抹灰表面应整齐、光滑;管道后面的抹灰表面应平整	观察	/		
	3	抹灰层 抹灰层总厚度	抹灰层的总厚度应符合设计要求	检查施工记录	/		
		抹灰层 层间材料要求	水泥砂浆不得抹在石灰砂浆层上;罩面石膏灰不得抹在水泥砂浆层上		/		
	4	抹灰分格缝设置	抹灰分格缝的设置应符合设计要求,宽度和深度应均匀,表面应光滑,棱角应整齐	观察;尺量检查	/		

续表

		验收项目	设计要求及规范规定	最小/实际抽样数量	检查记录	检查结果
一般项目	5	滴水线(槽)	有排水要求的部位应做滴水线(槽)。滴水线(槽)应整齐顺直,滴水线应内高外低,滴水槽的宽度和深度应满足设计要求,且均不应小于10 mm	观察;尺量检查	/	

一般抹灰检验批质量验收记录

GB 50210—2018

桂建质030101 [0][0][1] (二)

		验收项目	设计要求及规范规定			最小/实际抽样数量	检查记录	检查结果
				普通抹灰	高级抹灰			
一般项目	6	立面垂直度	允许偏差(mm)	4	3	用2 m垂直检测尺检查	/	
		表面平整度		4	3	用2 m靠尺和塞尺检查	/	
		阴阳角方正		4	3	用200 mm直角检测尺检查	/	
		分格条(缝)直线度		4	3	拉5 m线,不足5 m拉通线,用钢直尺检查	/	
		墙裙、勒脚上口直线度		4	3		/	

施工单位检查结果	专业工长: 项目专业质量检查员:	年 月 日
监理(建设)单位验收结论	专业监理工程师: (建设单位项目专业技术负责人):	年 月 日

注:1. 一般抹灰工程分普通抹灰和高级抹灰,当设计无要求时,按普通抹灰验收。一般抹灰包括水泥砂浆、水泥混合砂浆、聚合物水泥砂浆和粉刷石膏等抹灰。

2. 检验批的划分:
①相同材料、工艺和施工条件的室外抹灰工程每1 000 m²应划分为一个检验批,不足1 000 m²也应划分为一个检验批。
②相同材料、工艺和施工条件的室内抹灰工程每50个自然间应划分为一个检验批,不足50间也应划分为一个检验批,大面积房间和走廊按抹灰面积每30 m²计为1间。

3. 检查数量:
①室内每个检验批应至少抽查10%,并不得少于3间;不足3间时应全数检查。
②室外每个检验批每100 m²应至少抽查一处,每处不得小于10 m²。

4. 一般项目第6项中,对于普通抹灰,"阴阳角方正"可不检查;对于顶棚抹灰,"表面平整度"可不检查,但应平顺。

7)1层客厅、卧室顶棚抹灰工程施工过程中一般抹灰检验批质量验收记录

顶棚抹灰施工工艺:搭脚手架→基层处理→弹线、套方、找规矩→抹底灰→抹中层灰→抹罩面灰。

①搭脚手架:铺好脚手板后,距顶板高1.5 m左右。

②基层处理:先将凸出的混凝土剔平,对钢模施工的混凝土顶应凿毛,并用钢丝刷满刷一遍,再浇水湿润。如果基层混凝土表面很光滑,亦可采取如下"毛化处理"办法:先将表面尘土、污垢清扫干净,用10%火碱水将顶面的油污刷掉,随之用清水将碱液冲净、晾干;然后用1:1水泥细砂浆内掺用水量20%的107胶,喷或用笤帚将砂浆甩到顶上,甩点要均匀,终凝后浇水养护,直至水泥砂浆疙瘩全部粘满混凝土光面上并具有较高强度(用手搿不动)为止。

③弹线、套方、找规矩:根据50 cm水平线找出靠近顶板四周的平线,作为顶板抹灰水平控制线。

④抹底灰:在顶板混凝土湿润的情况下,先刷107胶素水泥浆一道(内掺用水量10%的107胶,水灰比为0.4~0.5),随刷随打底;底灰用1:3水泥砂浆(或1:0.3:3混合砂浆)打底,厚度为5 mm,操作时需用力压,以便将底灰挤入顶板细小孔隙中;用软刮尺刮抹顺平,用木抹子搓平搓毛。

⑤抹罩面灰:待底灰六七成干时,即可抹罩面灰;罩面灰采用1:2.5水泥砂浆或1:0.3:2.5水泥混合砂浆,厚度为5 mm。抹时先将顶面湿润,然后薄薄地刮一道使其与底层灰抓牢,紧跟抹第二遍,横竖均顺平,用铁抹子压光、压实。

一般抹灰检验批质量验收记录

GB 50210—2018   桂建质030101 [0] [0] [1] (一)

单位(子单位)工程名称			分部(子分部)工程名称	建筑装饰装修(抹灰工程)	分项工程名称	一般抹灰
施工单位			项目负责人		检验批容量	
分包单位			分包单位项目负责人		检验批部位	
施工依据		《抹灰砂浆技术规程》JGJ/T 220—2010		验收依据	《建筑装饰装修工程质量验收标准》GB 50210—2018	
		验收项目	设计要求及规范规定	最小/实际抽样数量	检查记录	检查结果
主控项目	1	材料品种和性能	一般抹灰所用材料的品种和性能应符合设计要求及国家现行标准的有关规定	/	检查产品合格证书、进场验收记录、性能检验报告和复验报告	
	2	基层清理	抹灰前基层表面的尘土、污垢和油渍等应清除干净,并应洒水润湿或进行界面处理	/	检查施工记录	

续表

	验收项目		设计要求及规范规定		最小/实际抽样数量	检查记录	检查结果
主控项目	3	操作要求	抹灰工程应分层进行。当抹灰总厚度大于或等于 35 mm 时,应采取加强措施。不同材料基体交接处表面的抹灰,应采取防止开裂的加强措施,当采用加强网时,加强网与各基体的搭接宽度不应小于 100 mm	检查隐蔽工程验收记录和施工记录	/		
	4	各层黏结和面层质量	抹灰层与基层之间及各抹灰层之间应黏结牢固,抹灰层应无脱层和空鼓,面层应无爆灰和裂缝	观察;用小锤轻击检查;检查施工记录	/		
一般项目	1	表面质量	普通抹灰	表面应光滑、洁净、接槎平整,分格缝应清晰	观察;手摸检查	/	
			高级抹灰	表面应光滑、洁净、颜色均匀、无抹纹,分格缝和灰线应清晰美观		/	
	2	细部质量		护角、孔洞、槽、盒周围的抹灰表面应整齐、光滑;管道后面的抹灰表面应平整	观察	/	
	3	抹灰层	抹灰层总厚度	抹灰层的总厚度应符合设计要求	检查施工记录	/	
			层间材料要求	水泥砂浆不得抹在石灰砂浆层上;罩面石膏灰不得抹在水泥砂浆层上		/	
	4	抹灰分格缝设置		抹灰分格缝的设置应符合设计要求,宽度和深度应均匀,表面应光滑,棱角应整齐	观察;尺量检查	/	
	5	滴水线(槽)		有排水要求的部位应做滴水线(槽)。滴水线(槽)应整齐顺直,滴水线应内高外低,滴水槽的宽度和深度应满足设计要求,且均不应小于 10 mm	观察;尺量检查	/	

一般抹灰检验批质量验收记录

GB 50210—2018   桂建质 030101 ⬚0⬚ ⬚0⬚ ⬚1⬚（二）

验收项目			设计要求及规范规定			最小/实际抽样数量	检查记录	检查结果
一般项目	6			普通抹灰	高级抹灰			
		立面垂直度	允许偏差（mm）	4	3	用2 m垂直检测尺检查	/	
		表面平整度		4	3	用2 m靠尺和塞尺检查	/	
		阴阳角方正		4	3	用200 mm直角检测尺检查	/	
		分格条(缝)直线度		4	3	拉5 m线,不足5 m拉通线,用钢直尺检查	/	
		墙裙、勒脚上口直线度		4	3		/	

施工单位检查结果	专业工长： 项目专业质量检查员： 年 月 日
监理(建设)单位验收结论	专业监理工程师： （建设单位项目专业技术负责人）： 年 月 日

注:1.一般抹灰工程分普通抹灰和高级抹灰,当设计无要求时,按普通抹灰验收。一般抹灰包括水泥砂浆、水泥混合砂浆、聚合物水泥砂浆和粉刷石膏等抹灰。

2.检验批的划分：

①相同材料、工艺和施工条件的室外抹灰工程每1 000 m² 应划分为一个检验批,不足1 000 m² 也应划分为一个检验批。

②相同材料、工艺和施工条件的室内抹灰工程每50个自然间应划分为一个检验批,不足50 间也应划分为一个检验批,大面积房间和走廊按抹灰面积每30 m² 计为1 间。

3.检查数量：

①室内每个检验批应至少抽查10%,并不得少于3 间;不足3 间时应全数检查。

②室外每个检验批每100 m² 应至少抽查一处,每处不得小于10 m²。

4.一般项目第6 项中,对于普通抹灰,"阴阳角方正"可不检查;对于顶棚抹灰,"表面平整度"可不检查,但应平顺。

8) 1 至 9 层门厅、电梯厅、楼梯间顶棚抹灰工程施工过程中一般抹灰检验批质量验收记录

要求学生参照1 层客厅、卧室顶棚抹灰工程施工所需填写的质量验收资料,分组讨论,然后运用工程资料软件,在计算机上操作完成填写。

9) 东立面外墙抹灰工程施工过程中一般抹灰检验批质量验收记录

大面积外墙抹灰施工,在施工前必须先吊线(四个大角及长度大于6 m 的大墙面),高低不平处先剔凿,同时水平方向也要求挂通线,在每一层楼面进行分缝,防止外墙面抹灰出现收缩裂缝(外窗框与墙体间缝隙一定要在大面积抹灰前填堵好,防止空鼓及渗水)。罩面在抹灰时,用力要轻重一致,用抹子先圆弧形抹,然后上下抽拉,要求方向一致,这样不易留下抹纹。

一般抹灰检验批质量验收记录

GB 50210—2018

单位(子单位) 工程名称				分部(子分部) 工程名称	建筑装饰 装修(抹灰工程)	分项 工程名称	一般抹灰
施工单位				项目负责人		检验批容量	
分包单位				分包单位 项目负责人		检验批部位	
施工依据			《抹灰砂浆技术规程》 JGJ/T 220—2010		验收依据	《建筑装饰装修工程质量 验收标准》GB 50210—2018	

		验收项目	设计要求及规范规定	最小/实际 抽样数量	检查记录	检查结果
主控项目	1	材料品种和性能	一般抹灰所用材料的品种和性能应符合设计要求及国家现行标准的有关规定	检查产品合格证书、进场验收记录、性能检验报告和复验报告	/	
	2	基层清理	抹灰前基层表面的尘土、污垢和油渍等应清除干净，并应洒水润湿或进行界面处理	检查施工记录	/	
	3	操作要求	抹灰工程应分层进行。当抹灰总厚度大于或等于 35 mm 时,应采取加强措施。不同材料基体交接处表面的抹灰,应采取防止开裂的加强措施,当采用加强网时,加强网与各基体的搭接宽度不应小于 100 mm	检查隐蔽工程验收记录和施工记录	/	
	4	各层黏结和面层质量	抹灰层与基层之间及各抹灰层之间应黏结牢固,抹灰层应无脱层和空鼓,面层应无爆灰和裂缝	观察;用小锤轻击检查;检查施工记录	/	
一般项目	1	表面质量 普通抹灰	表面应光滑、洁净、接槎平整,分格缝应清晰	观察;手摸检查	/	
		表面质量 高级抹灰	表面应光滑、洁净、颜色均匀、无抹纹,分格缝和灰线应清晰美观		/	

续表

	验收项目		设计要求及规范规定	最小/实际抽样数量	检查记录	检查结果
一般项目	2	细部质量	护角、孔洞、槽、盒周围的抹灰表面应整齐、光滑;管道后面的抹灰表面应平整	观察	/	
	3	抹灰层 抹灰层总厚度	抹灰层的总厚度应符合设计要求	检查施工记录	/	
		层间材料要求	水泥砂浆不得抹在石灰砂浆层上;罩面石膏灰不得抹在水泥砂浆层上		/	
	4	抹灰分格缝设置	抹灰分格缝的设置应符合设计要求,宽度和深度应均匀,表面应光滑,棱角应整齐	观察;尺量检查	/	
	5	滴水线(槽)	有排水要求的部位应做滴水线(槽)。滴水线(槽)应整齐顺直,滴水线应内高外低,滴水槽的宽度和深度应满足设计要求,且均不应小于10 mm	观察;尺量检查	/	

一般抹灰检验批质量验收记录

GB 50210—2018

桂建质030101 [0][0][1] (二)

	验收项目		设计要求及规范规定		最小/实际抽样数量	检查记录	检查结果
一般项目			普通抹灰	高级抹灰			
	6	立面垂直度	4	3	用2 m垂直检测尺检查	/	
		表面平整度	4	3	用2 m靠尺和塞尺检查	/	
		阴阳角方正	允许偏差(mm) 4	3	用200 mm直角检测尺检查	/	
		分格条(缝)直线度	4	3	拉5 m线,不足5 m拉通线,用钢直尺检查	/	
		墙裙、勒脚上口直线度	4	3		/	

续表

施工单位 检查结果	专业工长： 项目专业质量检查员：	年　月　日
监理（建设） 单位验收结论	专业监理工程师： （建设单位项目专业技术负责人）：	年　月　日

注：1. 一般抹灰工程分普通抹灰和高级抹灰，当设计无要求时，按普通抹灰验收。一般抹灰包括水泥砂浆、水泥混合砂浆、聚合物水泥砂浆和粉刷石膏等抹灰。

2. 检验批的划分：

①相同材料、工艺和施工条件的室外抹灰工程每 1 000 m² 应划分为一个检验批，不足 1 000 m² 也应划分为一个检验批。

②相同材料、工艺和施工条件的室内抹灰工程每 50 个自然间应划分为一个检验批，不足 50 间也应划分为一个检验批，大面积房间和走廊按抹灰面积每 30 m² 计为 1 间。

3. 检查数量：

①室内每个检验批应至少抽查 10%，并不得少于 3 间；不足 3 间时应全数检查。

②室外每个检验批每 100 m² 应至少抽查一处，每处不得小于 10 m²。

4. 一般项目第 6 项中，对于普通抹灰，"阴阳角方正"可不检查；对于顶棚抹灰，"表面平整度"可不检查，但应平顺。

10）西立面、南立面、北立面外墙及出屋面层外墙抹灰工程施工过程中一般抹灰检验批质量验收记录

要求学生参照东立面外墙抹灰工程施工所需填写的质量验收资料，分组讨论，然后运用工程资料软件，在计算机上操作完成填写。

11）1 至 3 层阳台外墙、线脚，4 至 6 层阳台外墙、线脚，7 至 9 层阳台外墙、线脚抹灰施工过程中一般抹灰检验批质量验收记录

要求学生参照外墙抹灰工程施工所需填写的质量验收资料，分组讨论，然后运用工程资料软件，在计算机上操作完成填写。

2. 抹灰子分部工程质量验收记录

抹灰子分部工程质量验收记录

GB 50210—2018   桂建质 0301

单位（子单位） 工程名称		分部 工程名称	建筑装饰装修	分项 工程数量	
施工单位		项目负责人		技术（质量） 负责人	
分包单位		分包单位 负责人		分包内容	

续表

序号	分项工程名称	检验批数	施工单位检查结果	监理(建设)单位验收意见
1	一般抹灰			(验收意见、合格或不合格的结论、是否同意验收)
2	保温层薄抹灰			
3	装饰抹灰			
4	清水砌体勾缝			

质量控制资料检查结论	(按附表第1~9项检查) 共　项,经查符合要求　项,经核定符合规范要求　项	安全和功能检验(检测)报告检查结论	(按附表第　~　项检查) 共核查　项,符合要求　项,经返工处理符合要求　项
观感验收记录	1.共抽查　项,符合要求　项,不符合要求　项 2.观感质量评价:	验收组验收结论	(合格不合格、是否同意验收的结论)

勘察单位 项目负责人: 年　月　日	设计单位 项目负责人: 年　月　日	分包单位 项目负责人: 年　月　日 施工单位 项目负责人: 年　月　日	监理(建设)单位 项目负责人: 年　月　日

注:"经核定符合规范要求　项"是指初验未通过的项目,按《建筑工程施工质量验收统一标准》GB 50300—2013 第5.0.6条处理的情况。

抹灰子分部工程资料检查表

GB 50210—2018   桂建质 0301 附表

序号	检查内容	份数	监理单位检查意见
1	设计图纸/变更文件	/	
2	水泥合格证/检验报告	/	
3	砂检验单		
4	其他原材料合格证/检验报告	/	
5	砂浆配合比报告		
6	隐蔽工程检查验收记录		

续表

序号	检查内容	份数	监理单位检查意见
7	施工记录		
8	重大质量问题处理方案/验收记录	/	
9	分项工程质量验收记录——桂建质(分项A类)		

检查人：

年　月　日

注:检查意见分两种,合格打"√",不合格打"×"。

任务三　门窗子分部

知识构成

　　结构工程经过质量监督站验收达到合格后,即可进行门窗安装施工。首先,应从顶层用大线坠吊垂直,检查窗口位置的准确度,并在墙上弹出安装位置线,对不符线的结构边楞进行处理。

　　门窗安装是否牢固,既影响使用功能又影响安全,尤其是建筑外墙门窗必须确保安装牢固,内墙门窗安装也必须牢固。考虑到砌体中砖、砌块以及灰缝的强度较低,受冲击容易破碎,故规定在砌体上安装门窗时严禁用射钉固定。

　　根据《建筑工程施工质量验收统一标准》GB 50300—2013 的要求,门窗子分部工程包含木门窗安装、金属门窗安装、塑料门窗安装、特种门安装、门窗玻璃安装 5 个分项工程。

课堂活动

　　📖 结合工程实例(见本书所附图纸)及表 3-3,让学生独立找出本工程案例中木门窗安装、特种门安装、塑料门窗安装、门窗玻璃安装 4 个分项工程的相关施工质量验收表格。

　　📖 学生分组讨论,然后独立填写木门窗安装、特种门安装、塑料门窗安装、门窗玻璃安装 4 个分项工程的相关施工质量验收表格。

1. 木门窗安装分项

1) 木门窗安装分项工程质量验收记录

木门窗安装分项工程质量验收记录在分项工程所含检验批验收完毕后进行。

169

木门窗安装分项工程质量验收记录

桂建质(分项 A 类)

单位(子单位) 工程名称			分部(子分部) 工程名称			
检验批数量			分项工程专业 质量检查员			
施工单位			项目负责人		项目技术 负责人	
分包单位			分包单位 项目负责人		分包内容	

序号	检验批名称	检验批容量	部位/区段	施工单位 检查结果	监理(建设)单位 验收意见
1					
2					
3					
4					
5					
6					
7					
8					
9					
10					
11					
12					

说明:	
施工单位 检查结果	项目专业技术负责人: 年　月　日
监理(建设) 单位验收结论	专业监理工程师: (建设单位项目专业技术负责人): 年　月　日

注:本表(分项 A 类)适用于不涉及全高垂直度检查、无特殊要求的分项工程。混凝土现浇结构、混凝土装配结构、砖砌体、
混凝土小型空心砌块砌体、石砌体分项工程质量验收记录使用分项 B 类表格。

2）木门窗安装检验批质量验收记录

（1）作业条件

①门窗框进入施工现场必须检查验收。门窗框和扇安装前应先检查型号、尺寸是否符合要求，有无窜角、翘扭、弯曲、劈裂，如有以上情况应先进行修理。

②木门窗框靠墙、靠地的一面应刷防腐涂料，其他各面及扇活均应涂刷清油一道。刷油后应通风干燥。

③刷好油的门窗应分类码放在存物架上，架子上面应垫平，且距地 20～30 cm，码放时框与框、扇与扇之间应垫木板条通风。如在露天堆放，需用苫布盖好，不准日晒雨淋。

④安装外窗前应从上往下吊垂直，找好窗框位置，上下木对者应先进行处理。窗的安装高度，应根据室内 50 cm 平线返出窗安装的标高尺寸，弹好平线进行控制。

⑤门框安装应符合图纸要求的型号及尺寸，并注意门扇的开启方向，以确定门框安装的裁口方向，安装高度应按室内 50 cm 平线控制。

⑥门窗框安装应在抹灰前进行，门扇和窗扇安装宜在抹灰后进行，如必须先安装时，应注意对成品的保护，防止碰撞和污染。

（2）工艺流程

工艺流程：弹线找规矩→确定门窗框安装位置→确定安装标高→掩扇、门框安装样板→窗框、扇安装→门框安装→门扇安装。

（3）应注意的质量问题

①有贴脸的门框安装后与抹灰面不平：主要原因是立口时没掌握好抹灰层的厚度。

②门窗洞口预留尺寸不准：安装门框、窗框后四周的缝过大或过小，主要原因是砌筑时门窗洞口尺寸留设不准，留的余量大小不均，或砌筑时拉线找规矩差，偏位较多。一般情况下，安装门窗框上皮应低于门窗过梁 10～15 mm，窗框下皮应比窗台上皮高 5 mm。

③门窗框安装不牢：主要原因是砌筑时预留的木砖数量少或木砖砌的不牢；砌半砖墙或轻质墙未设置带木砖的混凝土块，而是直接使用木砖，灰干后木砖收缩活动；预制混凝土墙或预制混凝土隔板，应在预制时将木砖与钢筋骨架固定在一起，使木砖牢固地固定在预制混凝土内。木砖的设置一定要满足数量和间距的要求。

④合页不平，螺丝松动，螺帽斜露，缺少螺丝：合页槽深浅不一，安装时螺丝钉入太长，或倾斜拧入。要求安装时螺丝应钉入 1/3、拧入 2/3，拧时不能倾斜；安装时如遇木节，应在木节处钻眼，重新塞入木塞后再拧螺丝，同时应注意每个孔眼都拧好螺丝，不可遗漏。

⑤上下层门窗不顺直，左右安装不符线：洞口预留偏位，安装前没有按规定要求先弹线找规矩，没吊好垂直立线，没找好窗上下水平线。为解决此问题，要求施工人员必须按工艺标准操作，安装前必须弹线找规矩，做好准备工作后再安装。

⑥纱扇压条不顺直，钉帽外露，纱边毛刺：主要原因是施工人员不认真，压条质量太差，没提前将钉帽砸扁。

⑦门窗缺五金，五金安装位置不对：亮子无梃钩，壁柜、吊柜门窗缺碰珠或插销，双扇门无地插销或无插销孔；双扇门插销安装在盖扇上，厨房插销安装在室内。以上各点均属于五金安装错误，应予纠正。

⑧门窗扇翘曲：即门窗扇"皮楞"，对翘曲超过 3 mm 的，应经过处置后再使用，也可通过五

金位置的调整解决扇的翘曲。

　　⑨门扇开关不灵、自行开关:主要原因是门扇安装的两个合页轴不在一条直线上;安合页的一边门框立梃不垂直;合页进框较多,扇和梃发生碰撞,造成开关不灵活,要求掩扇前先检查门框立梃是否垂直,如有问题应及时调整,使装扇的上下两个合页轴在一垂直线上,选用五金合适,螺丝安装要平直。

　　⑩扇下坠:主要原因是合页松动;安装玻璃后,加大扇的自重;合页选用过小。要求选用合适的合页,将固定合页的螺丝全部拧上,并使其牢固。

木门窗安装检验批质量验收记录

GB 50210—2018　　　　　　　　　　　　　　　　桂建质 030301 ⬜0⬜0⬜1 (一)

单位(子单位) 工程名称			分部(子分部) 工程名称	建筑装饰装修 (门窗工程)	分项 工程名称	木门窗安装
施工单位			项目负责人		检验批容量	
分包单位			分包单位 项目负责人		检验批部位	
施工依据			验收依据		《建筑装饰装修工程质量 验收标准》GB 50210—2018	

		检查项目	设计要求及规范规定	最小/实际 抽样数量	检查记录	检查结果
主控项目	1	成品门窗检查	木门窗的品种、类型、规格、尺寸、开启方向、安装位置、连接方式及性能应符合设计要求及国家现行标准的有关规定	观察;尺量检查;检查产品合格证书、性能检验报告、进场验收记录和复验报告;检查隐蔽工程验收记录	/	
	2	木材含水率及木门窗饰面质量	木门窗应采用烘干的木材,含水率及饰面质量应符合国家现行标准的有关规定	检查材料进场验收记录、复验报告及性能检验报告	/	
	3	防火、防腐、防虫处理	木门窗的防火、防腐、防虫处理应符合设计要求	观察;检查材料进场验收记录	/	
	4	木门窗框的安装	木门窗框的安装应牢固。预埋木砖的防腐处理,木门窗框固定点的数量、位置和固定方法应符合设计要求	观察;手扳检查;检查隐蔽工程验收记录和施工记录	/	

续表

		检查项目	设计要求及规范规定	最小/实际抽样数量	检查记录	检查结果
主控项目	5	木门窗扇的安装	木门窗扇应安装牢固、开关灵活、关闭严密、无倒翘	观察；开启和关闭检查；手扳检查	/	
	6	木门窗配件	木门窗配件的型号、规格和数量应符合设计要求，安装应牢固，位置应正确，功能应满足使用要求	观察；开启和关闭检查；手扳检查	/	
一般项目	1	木门窗表观质量	木门窗表面应洁净，无刨痕、锤印	观察	/	
	2	木门窗的割角、拼缝	木门窗的割角、拼缝严密平整。门窗框、扇裁口顺直，刨面平整	观察	/	
	3	槽、孔质量	木门窗上的槽、孔应边缘整齐，无毛刺	观察	/	
	4	门窗与墙体间的缝隙嵌填	木门窗与墙体间的缝隙应填嵌饱满。严寒和寒冷地区外门窗（或门窗框）与砌体间的空隙应填充保温材料	轻敲门窗框检查；检查隐蔽工程验收记录和施工记录	/	
	5	细部质量	木门窗批水、盖口条、压缝条和密封条安装应顺直，与门窗结合应牢固、严密	观察；手扳检查	/	

木门窗安装检验批质量验收记录

GB 50210—2018　　　　　　　　　　　　　　　桂建质 030301 | 0 | 0 | 1 |（二）

		检查项目		设计要求及规范规定		最小/实际抽样数量	检查记录	检查结果
一般项目	6	平开木门窗安装的允许偏差（mm）	门窗框的正、侧面垂直度	2	用 1 m 垂直检测尺检查	/		
			框与扇接缝高低差	1	用塞尺检查	/		
			扇与扇接缝高低差	1		/		
			双层门窗内外框间距	4	用钢直尺检查	/		
			框与扇搭接宽度	门	2	用钢直尺检查	/		
				窗	1	用钢直尺检查	/		

续表

一般项目	6		检查项目		设计要求及规范规定		最小/实际抽样数量	检查记录	检查结果
一般项目	6	平开木门窗安装的留缝限值（mm）	门窗扇对口缝		1~4	用塞尺检查	/		
			工业厂房、围墙双扇大门对		2~7		/		
			门窗扇与上框间留缝		1~3		/		
			门窗扇与合页侧框间留缝		1~3		/		
			室外门扇与锁侧框间留缝		1~3		/		
			门扇与下框间留缝		3~5	用塞尺检查	/		
			窗扇与下框间留缝		1~3		/		
			无下框时门扇与地面间留缝	室外门	4~7	用钢直尺检查	/		
				室内门	4~8		/		
				卫生间门	4~8		/		
				厂房大门	10~20		/		
				围墙大门	10~20		/		
施工单位检查结果					专业工长： 项目专业质量检查员： 年 月 日	监理（建设）单位验收结论			专业监理工程师： （建设单位项目专业技术负责人）： 年 月 日

注：1. 检验批的划分：同一品种、类型和规格的木门窗每100樘应划分为一个检验批，不足100樘也应划分为一个检验批。

2. 检查数量：每个检验批应至少抽查5%，并不得少于3樘，不足3樘时应全数检查。高层建筑的外窗每个检验批应至少抽查10%，并不得少于6樘，不足6樘时应全数检查。

2. 特种门安装分项

1）特种门安装分项工程质量验收记录

特种门安装分项工程质量验收记录在分项工程所含检验批验收完毕后进行。

特种门安装分项工程质量验收记录

桂建质(分项 A 类)

单位(子单位) 工程名称				分部(子分部) 工程名称			
检验批数量				分项工程专业 质量检查员			
施工单位				项目负责人		项目技术 负责人	
分包单位				分包单位 项目负责人		分包内容	
序号	检验批名称	检验批容量	部位/区段			施工单位 检查结果	监理(建设)单位 验收意见
1							
2							
3							
4							
5							
6							
7							
8							
9							
10							
11							
12							
说明:							
施工单位 检查结果					项目专业技术负责人: 　　　　　年　月　日		
监理(建设) 单位验收结论					专业监理工程师: (建设单位项目专业技术负责人): 　　　　　年　月　日		

注:本表(分项 A 类)适用于不涉及全高垂直度检查、无特殊要求的分项工程。混凝土现浇结构、混凝土装配结构、砖砌体、混凝土小型空心砌块砌体、石砌体分项工程质量验收记录使用分项 B 类表格。

2）特种门安装检验批质量验收记录

特种门安装检验批质量验收记录

GB 50210—2018   桂建质 030304 [0][0][1]（一）

单位（子单位）工程名称				分部（子分部）工程名称	建筑装饰装修（门窗工程）	分项工程名称	特种门安装
施工单位				项目负责人		检验批容量	
分包单位				分包单位项目负责人		检验批部位	
施工依据			建筑装饰装修施工方案		验收依据	《建筑装饰装修工程质量验收标准》GB 50210—2018	
		验收项目	设计要求及规范规定	最小/实际抽样数量	检查记录		检查结果
主控项目	1	成品门窗检查	特种门的质量和性能应符合设计要求	检查生产许可证、产品合格证书和性能检验报告	/		
	2	成品门规格	品种、类型、规格、尺寸、开启方向、安装位置及防腐处理符合设计要求	观察；尺量检查；检查进场验收记录和隐蔽工程验收记录	/		
	3	带有机械装置、自动装置或智能化装置的特种门检查	带有机械装置、自动装置或智能化装置的特种门，其机械装置、自动装置或智能化装置的功能应符合设计要求	启动机械装置、自动装置或智能化装置，观察	/		
	4	预埋件	特种门的安装应牢固。预埋件及锚固件的数量、位置、埋设方式、与框的连接方式应符合设计要求	观察；手扳检查；检查隐蔽工程验收记录	/		
	5	配件	特种门的配件应齐全，位置应正确，安装应牢固，功能应满足使用要求和特种门的性能要求	观察；手扳检查；检查产品合格证书、性能检验报告和进场验收记录	/		
一般项目	1	表面装饰	特种门的表面装饰应符合设计要求	观察	/		
	2	表观质量	特种门的表面应洁净，应无划痕和碰伤		/		

续表

	验收项目		设计要求及规范规定		最小/实际抽样数量	检查记录	检查结果
一般项目	3	推拉自动门的感应时间限值	开门响应时间	≤0.5 s	用秒表检查	/	
			堵门保护延时	16～20 s	用秒表检查	/	
			门扇全开启后保持时间	13～17 s	用秒表检查	/	
	4	人行自动门活动扇在启闭过程中对所要求保护的部位应留有安全间隙。安全间隙应小于8 mm或大于25 mm			用钢直尺检查	/	

特种门安装检验批质量验收记录

GB 50210—2018

桂建质030304 ⌐0⌐⌐0⌐⌐1⌐（二）

	验收项目		设计要求及规范规定				最小/实际抽样数量	检查记录	检查结果
			推拉自动门	平开自动门	折叠自动门	旋转自动门			
一般项目	5	自动门安装允许偏差（mm）	上框、平梁水平度	1	1	1	—	用1 m水平尺和塞尺检查	/	
			上框、平梁直线度	2	2	2	—	用钢直尺和塞尺检查	/	
			立框垂直度	1	1	1	1	用1 m垂直检测尺检查	/	
			导轨和平梁平行度	2	—	2	2	用钢直尺检查	/	
			门框固定扇内侧对角线尺寸	2	2	2	2	用钢卷尺检查	/	

177

续表

验收项目		设计要求及规范规定				最小/实际抽样数量	检查记录	检查结果
		推拉自动门	平开自动门	折叠自动门	旋转自动门			
一般项目	5 自动门安装允许偏差（mm）	活动扇与框、横梁、固定扇间隙差	1	1	1	1	用钢直尺检查	/	
		板材对接接缝平整度	0.3	0.3	0.3	0.3	用2m靠尺和塞尺检查	/	
	6 自动门手动开启力（N）	推拉自动门	≤100				用测力计检查	/	
		平开自动门	≤100（门扇边梃着力点）					/	
		折叠自动门	≤100（垂直于门扇折叠处铰链推拉）					/	
		旋转自动门	150～300（门扇边梃着力点）					/	
施工单位检查结果			专业工长： 项目专业质量检查员： 　　　　　　年　月　日			监理（建设）单位验收结论	专业监理工程师： （建设单位项目专业技术负责人）： 　　　　　　年　月　日		

注：1.特种门包括自动门、全玻门和旋转门等。

　2.检验批的划分：同一品种、类型和规格的特种门每50樘应划分为一个检验批，不足50樘也应划分为一个检验批。

　3.检查数量：每个检验批应至少抽查50%，并不得少于10樘，不足10樘时应全数检查。

3.塑料门窗安装分项

1）塑料门窗安装分项工程质量验收记录

塑料门窗安装分项工程质量验收记录在分项工程所含检验批验收完毕后进行。

塑料门窗安装分项工程质量验收记录

桂建质(分项 A 类)

单位(子单位) 工程名称				分部(子分部) 工程名称			
检验批数量				分项工程专业 质量检查员			
施工单位				项目负责人		项目技术 负责人	
分包单位				分包单位 项目负责人		分包内容	

序号	检验批名称	检验批容量	部位/区段	施工单位 检查结果	监理(建设)单位 验收意见
1					
2					
3					
4					
5					
6					
7					
8					
9					
10					
11					
12					

说明:

施工单位 检查结果	项目专业技术负责人: 年　月　日
监理(建设) 单位验收结论	专业监理工程师: (建设单位项目专业技术负责人): 年　月　日

注:本表(分项 A 类)适用于不涉及全高垂直度检查、无特殊要求的分项工程。混凝土现浇结构、混凝土装配结构、砖砌体、混凝土小型空心砌块砌体、石砌体分项工程质量验收记录使用分项 B 类表格。

2）塑料门窗安装检验批质量验收记录

工艺流程:清理玻璃槽口污物→玻璃安装前的准备→玻璃安装就位→橡胶压条固定→检查压条位置→将玻璃固定好→擦玻璃。

塑料门窗安装检验批质量验收记录

GB 50210—2018

桂建质030303 ⓪⓪①（一）

单位(子单位)工程名称			分部(子分部)工程名称	建筑装饰装修（门窗工程）	分项工程名称	塑料门窗安装
施工单位			项目负责人		检验批容量	
分包单位			分包单位项目负责人		检验批部位	
施工依据			《塑料门窗工程技术规程》JGJ 103—2008	验收依据	《建筑装饰装修工程质量验收标准》GB 50210—2018	

	验收项目		设计要求及规范规定	最小/实际抽样数量	检查记录	检查结果
主控项目	1	成品门窗检查	门窗的品种、类型、规格、尺寸、性能、开启方向、安装位置、连接方式和填嵌密封处理应符合设计要求及国家现行标准的有关规定,内衬增强型钢的壁厚及设置应符合现行国家标准《建筑用塑料门》GB/T 28886 和《建筑用塑料窗》GB/T 28887 的规定	观察;尺量检查;检查产品合格证书、性能检验报告、进场验收记录和复验报告;检查隐蔽工程验收记录	/	
	2	门窗框、附框和扇的安装	安装应牢固。固定片或膨胀螺栓的数量与位置应正确,连接方式应符合设计要求。固定点应距窗角、中横框、中竖框150～200 mm,固定点间距不应大于600 mm	观察;手扳检查;尺量检查;检查隐蔽工程验收记录	/	
	3	内衬增强型钢的规格、壁厚及其安装	设计壁厚 承受风荷载的拼樘料应采用与其内腔紧密吻合的增强型钢作为内衬,其两端应与洞口固定牢固。窗框应与拼樘料连接紧密,固定点间距不应大于600 mm	观察;手扳检查;尺量检查;吸铁石检查;检查进场验收记录	/	

续表

		验收项目	设计要求及规范规定	最小/实际抽样数量	检查记录	检查结果
主控项目	4	门窗框与墙体间的缝隙嵌填	窗框与洞口之间的伸缩缝内应采用聚氨酯发泡胶填充,发泡胶填充应均匀、密实。发泡胶成型后不宜切割。表面应采用密封胶密封。密封胶应黏结牢固,表面应光滑、顺直、无裂纹	观察;检查隐蔽工程验收记录	/	
	5	紧固螺钉安装	滑撑铰链的安装应牢固,紧固螺钉应使用不锈钢材质。螺钉与框扇连接处应进行防水密封处理	观察;手扳检查;检查隐蔽工程验收记录	/	
	6	门窗扇安装	推拉门窗扇应安装防止扇脱落的装置	观察		
	7	门窗扇开关	门窗扇关闭应严密,开关应灵活	观察;尺量检查;开启和关闭检查	/	
	8	门窗配件	配件的型号、规格和数量应符合设计要求,安装应牢固,位置应正确,使用应灵活,功能应满足各自使用要求。平开窗扇高度大于 900 mm 时,窗扇锁闭点不应少于 2 个	观察;手扳检查	/	
一般项目	1	玻璃密封条安装	安装后的门窗关闭时,密封面上的密封条应处于压缩状态,密封层数应符合设计要求。密封条应连续完整,装配后应均匀、牢固,应无脱槽、收缩和虚压等现象;密封条接口应严密,且应位于窗的上方	观察	/	

塑料门窗安装检验批质量验收记录

GB 50210—2018

桂建质030303 ⬚0⬚ ⬚0⬚ ⬚1⬚ (二)

		验收项目	设计要求及规范规定		最小/实际抽样数量	检查记录	检查结果
一般项目	2	塑料门窗扇的开关力	平开门窗扇平铰链的开关力不应大于80 N;滑撑铰链的开关力不应大于80 N,并不应小于30 N	观察;用测力计检查	/		
			推拉门窗扇的开关力不应大于100 N				
	3	表面质量	门窗表面应洁净、平整、光滑,颜色应均匀一致。可视面应无划痕、碰伤等缺陷,门窗不得有焊角开裂和型材断裂等现象	观察	/		
	4	旋转窗	旋转窗间隙应均匀	观察	/		
	5	排水孔	排水孔应畅通,位置和数量应符合设计要求	观察	/		
	6 塑料门窗安装的允许偏差	门、窗框外形(高、宽)尺寸长度差	≤1 500 mm	2 mm	用钢卷尺检查	/		
			>1 500 mm	3 mm		/		
		门、窗框两对角线长度差	≤2 000 mm	3 mm	用钢卷尺检查	/		
			>2 000 mm	5 mm		/		
		门、窗框(含拼樘料)正、侧面垂直度	3 mm		用1 m垂直检测尺检查	/		
		门、窗框(含拼樘料)水平度	3 mm		用1 m水平尺和塞尺检查	/		
		门、窗下横框的标高	5 mm		用钢卷尺检查,与基准线比较	/		
		门窗竖向偏离中心	5 mm		用钢卷尺检查	/		
		双层门窗内外框间距	4 mm		用钢卷尺检查	/		

续表

验收项目		设计要求及规范规定		最小/实际抽样数量	检查记录	检查结果
一般项目	6 塑料门窗安装的允许偏差	平开门窗及上悬、下悬、中悬窗	门、窗扇与框搭接宽度	2 mm	用深度尺或钢尺检查	/		
			同樘门、窗相邻扇的水平高度差	2 mm	用靠尺和钢直尺检查	/		
			门、窗框扇四周的配合间隙	1 mm	用楔形塞尺检查	/		
		推拉门窗	门、窗扇与框搭接宽度	2 mm	用深度尺或钢直尺检查	/		
			门、窗扇与框或相邻扇立边平行度	2 mm	用钢直尺检查	/		
		组合门窗	平整度	3 mm	用2 m靠尺和钢直尺检查	/		
			缝直线度	3 mm	用2 m靠尺和钢直尺检查	/		

施工单位检查结果	专业工长： 项目专业质量检查员： 年　月　日	监理（建设）单位验收结论	专业监理工程师： （建设单位项目专业技术负责人）： 年　月　日

注：1. 检验批的划分：同一品种、类型和规格的塑料门窗每100樘应划分为一个检验批，不足100樘也应划分为一个检验批。

　　2. 检查数量：每个检验批应至少抽查5%，并不得少于3樘，不足3樘时应全数检查。高层建筑的外窗每个检验批应至少抽查10%，并不得少于6樘，不足6樘时应全数检查。

4. 门窗玻璃安装分项

1）门窗玻璃安装分项工程质量验收记录

门窗玻璃安装分项工程质量验收记录在分项工程所含检验批验收完毕后进行。

门窗玻璃安装分项工程质量验收记录

桂建质（分项 A 类）

单位(子单位)工程名称		分部(子分部)工程名称		
检验批数量		分项工程专业质量检查员		
施工单位		项目负责人		项目技术负责人
分包单位		分包单位项目负责人		分包内容

续表

序号	检验批名称	检验批容量	部位/区段	施工单位检查结果	监理(建设)单位验收意见
1					
2					
3					
4					
5					
6					
7					
8					
9					
10					
11					
12					

说明:

施工单位检查结果	项目专业技术负责人: 年　月　日
监理(建设)单位验收结论	专业监理工程师: (建设单位项目专业技术负责人): 年　月　日

注:本表(分项 A 类)适用于不涉及及全高垂直度检查、无特殊要求的分项工程。混凝土现浇结构、混凝土装配结构、砖砌体、混凝土小型空心砌块砌体、石砌体分项工程质量验收记录使用分项 B 类表格。

2)门窗玻璃安装检验批质量验收记录

（1）工艺流程

工艺流程:清理玻璃槽口内杂物→玻璃安装前准备工作→玻璃安装就位→橡胶条固定、粘牢→清理。

（2）应注意的质量问题

①玻璃切割尺寸掌握不好:没按实物测量尺寸,裁割后不符合安装要求,过大或过小。

②槽口内的砂浆、杂物清理不干净:应认真把住清理关,没经检查不允许装玻璃。

③尼龙毛条、橡胶条丢失或长度不到位:密封材料应按设计要求选用,丢失后及时补装。

④橡胶压条选型不妥,造成密封效果不好:密封橡胶条易在转角处脱开,应在密封条下边刷胶,使之与玻璃及框扇结合牢固。

⑤玻璃清理不净或有裂纹:玻璃安装后,及时用软布或棉丝清擦干净,达到透明、光亮,发现裂纹应及时更换玻璃。

门窗玻璃安装检验批质量验收记录

GB 50210—2018　　　　　　　　　　　　　　　　桂建质030305 ⓪ ⓪ ①

单位(子单位) 工程名称			分部(子分部) 工程名称	建筑装饰装修 (门窗工程)	分项工 程名称	门窗玻 璃安装
施工单位			项目负责人		检验批容量	
分包单位			分包单位 项目负责人		检验批部位	
施工依据		《塑料门窗工程技术规程》JGJ 103—2008		验收依据	《建筑装饰装修工程质量 验收标准》GB 50210—2018	
	验收项目		设计要求及规范规定	最小/实际 抽样数量	检查记录	检查结果
主控项目	1	玻璃检查	玻璃的层数、品种、规格、尺寸、色彩、图案和涂膜朝向应符合设计要求	观察;检查产品合格证书、性能检验报告和进场验收记录	/	
	2	玻璃裁割及安装后外观	门窗玻璃裁割尺寸应正确。安装后的玻璃应牢固,不得有裂纹、损伤和松动	观察;轻敲检查	/	
	3	玻璃安装及固定	玻璃的安装方法应符合设计要求。固定玻璃的钉子或钢丝卡的数量、规格应保证玻璃安装牢固	观察;检查施工记录	/	
	4	木压条	镶钉木压条接触玻璃处应与裁口边缘平齐。木压条应互相紧密连接,并应与裁口边缘紧贴,割角应整齐	观察	/	
	5	密封条、密封胶	密封条与玻璃、玻璃槽口的接触应紧密、平整。密封胶与玻璃、玻璃槽口的边缘应黏结牢固、接缝平齐	观察	/	
	6	带密封条的玻璃压条	带密封条的玻璃压条,其密封条应与玻璃贴紧,压条与型材之间应无明显缝隙	观察;尺量检查	/	

185

续表

		验收项目	设计要求及规范规定	最小/实际抽样数量	检查记录	检查结果
一般项目	1	玻璃表面	玻璃表面应洁净,不得有腻子、密封胶和涂料等污渍。中空玻璃内外表面均应洁净,玻璃中空层内不得有灰尘和水蒸气。门窗玻璃不应直接接触型材	观察	/	
	2	腻子及密封胶	腻子及密封胶应填抹饱满、黏结牢固;腻子及密封胶边缘与裁口应平齐。固定玻璃的卡子不应在腻子表面显露	观察	/	
	3	密封条	密封条不得卷边、脱槽,密封条接缝应粘接	观察	/	
施工单位检查结果		专业工长: 项目专业质量检查员: 年 月 日		监理(建设)单位验收结论	专业监理工程师: (建设单位项目专业技术负责人): 年 月 日	

注:1.本记录适用于平板、吸热、反射、中空、夹层、夹丝、磨砂、钢化、防火和压花玻璃等玻璃安装工程的质量验收。

2.检验批的划分:同一品种、类型和规格的门窗玻璃每100樘应划分为一个检验批,不足100樘也应划分为一个检验批。

3.检查数量:每个检验批应至少抽查5%,并不得少于3樘,不足3樘时应全数检查。高层建筑的外窗每个检验批应至少抽查10%,并不得少于6樘,不足6樘时应全数检查。

5.门窗子分部工程质量验收记录

门窗子分部工程质量验收记录

GB 50210—2018   桂建质 0303

单位(子单位)工程名称		分部工程名称	建筑装饰装修	分项工程数量	
施工单位		项目负责人		技术(质量)负责人	
分包单位		分包单位负责人		分包内容	

序号	分项工程名称	检验批数	施工单位检查结果	监理(建设)单位验收意见
1	木门窗安装			(验收意见、合格或不合格的结论、是否同意验收)
2	金属门窗安装			

续表

序号	分项工程名称	检验批数	施工单位检查结果	监理(建设)单位验收意见
3	塑料门窗安装			(验收意见、合格或不合格的结论、是否同意验收)
4	特种门安装			
5	门窗玻璃安装			

质量控制资料检查结论	(按附表第1～9项检查) 共　　项,经查符合要求　　项,经核定符合规范要求　　项	安全和功能检验(检测)报告检查结论	(按附表第10～12项检查) 共核查　　项,符合要求　　项,经返工处理符合要求　　项
观感验收记录	1.共抽查　　项,符合要求　　项,不符合要求　　项 2.观感质量评价:	验收组验收结论	(合格或不合格、是否同意验收的结论)

勘察单位 项目负责人: 年　月　日	设计单位 项目负责人: 年　月　日	分包单位 项目负责人: 年　月　日 施工单位 项目负责人: 年　月　日	监理(建设)单位项目负责人: 年　月　日

注:"经核定符合规范要求　　项"是指初验未通过的项目,按《建筑工程施工质量验收统一标准》GB 50300—2013 第5.0.6 条处理的情况。

门窗子分部工程资料检查表

GB 50210—2018

桂建质 0303 附表

序号	检查内容	份数	监理单位检查意见
1	设计图纸/变更文件	/	
2	成品门窗合格证		
3	特种门生产许可证/性能检测报告	/	
4	玻璃合格证/性能检测报告	/	
5	其他材料合格证/检验报告	/	
6	进场验收记录		
7	施工记录		
8	重大质量问题处理方案/验收记录	/	
9	分项工程质量验收记录——桂建质(分项A类)		
10	人造木板甲醛含量检测报告		

续表

序号	检查内容	份数	监理单位检查意见
11	金属外窗气密性/水密性/抗风压检测报告	/ /	
12	塑料外窗气密性/水密性/抗风压检测报告	/ /	
检查人：			
			年 月 日

注：检查意见分两种，合格打"√"，不合格打"×"。

任务四 饰面(板)砖子分部

1. 饰面砖粘贴分项

1) 饰面砖粘贴分项工程质量验收记录

饰面砖粘贴分项工程质量验收记录在分项工程所含检验批验收完毕后进行。

外墙饰面砖粘贴分项工程质量验收记录

桂建质(分项 A 类)

单位(子单位) 工程名称			分部(子分部) 工程名称			
检验批数量			分项工程专业 质量检查员			
施工单位			项目负责人		项目技术 负责人	
分包单位			分包单位 项目负责人		分包内容	
序号	检验批名称	检验批容量	部位/区段		施工单位 检查结果	监理(建设)单位 验收意见
1						
2						
3						

188

续表

序号	检验批名称	检验批容量	部位/区段	施工单位检查结果	监理(建设)单位验收意见
4					
5					
6					
7					
8					
9					
10					
11					
12					

说明:

施工单位检查结果	项目专业技术负责人: 年 月 日
监理(建设)单位验收结论	专业监理工程师: (建设单位项目专业技术负责人:) 年 月 日

注:本表(分项 A 类)适用于不涉及全高垂直度检查、无特殊要求的分项工程。混凝土现浇结构、混凝土装配结构、砖砌体、混凝土小型空心砌块砌体、石砌体分项工程质量验收记录使用分项 B 类表格。

2)东立面外墙饰面砖粘贴检验批质量验收记录

(1)作业条件

①外架子(高层多用吊篮或吊架)应提前支搭和安设好,多层房屋最好选用双排架子或桥架,其横竖杆及拉杆等应离开墙面和门窗口角 150～200 mm。架子的步高和支搭要符合施工要求和安全操作规程的规定。

②阳台栏杆、预留孔洞及排水管等应处理完毕,门窗框扇要固定好,并用 1:3 水泥砂浆将缝隙堵塞严实,铝合金门窗框边缝所用嵌塞材料应符合设计要求,且应塞堵密实,并事先粘贴好保护膜。

③墙面基层清理干净,脚手眼、窗台、窗套等事先砌堵好。

④按面砖尺寸、颜色进行选砖,并分类存放备用。

⑤大面积施工前应先放大样,做出样板墙,确定施工工艺及操作要点,并向施工人员做好交底工作。样板墙完成后必须经质检部门鉴定,合格后,还要经过设计、建设和施工单位共同认定,方可组织班组按照样板墙要求施工。

（2）工艺流程

工艺流程：基层处理→吊垂直、套方、找规矩→贴灰饼→抹底层砂浆→弹线分格→排砖→浸砖→镶贴面砖→面砖勾缝与擦缝。

（3）应注意的质量问题

①空鼓、脱落：主要是基层清扫不干净，用水冲刷，面砖铺贴之前没有浸水湿润或浸泡时间不足，铺贴面砖时砂浆涂抹不均匀，砂浆强度不达标等原因造成。

②墙面不平：主要是结构施工期间，几何尺寸控制不好，造成外墙面垂直、平整偏差大，而装修前对基层处理又不够认真。应加强对基层打底工作的检查，合格后方可进行下道工序。

③分格缝不匀、不直：主要是施工前没有认真按照图纸尺寸核对结构施工的实际情况，加上分段分块弹线、排砖不细，贴灰饼控制点少，以及面砖规格尺寸偏差大，施工中选砖不细、操作不当等造成。

④墙面脏：主要是勾完缝后没有及时擦净砂浆以及其他工种污染所致，可用棉丝蘸稀盐酸加20%水刷洗，然后用自来水冲净，同时应加强成品保护。

外墙饰面砖粘贴检验批质量验收记录

GB 50210—2018   桂建质 030701 ⬜0⬜ ⬜0⬜ ⬜1⬜

单位(子单位)工程名称			分部(子分部)工程名称	建筑装饰装修（门窗工程）	分项工程名称	外墙饰面砖粘贴
施工单位			项目负责人		检验批容量	
分包单位			分包单位项目负责人		检验批部位	东立面外墙面砖墙面
施工依据		建筑装饰装修施工方案		验收依据	《建筑装饰装修工程质量验收标准》GB 50210—2018	
	验收项目		设计要求及规范规定	最小/实际抽样数量	检查记录	检查结果
主控项目	1	饰面砖质量	外墙饰面砖的品种、规格、图案、颜色和性能应符合设计要求及国家现行标准的有关规定	观察；检查产品合格证书、进场验收记录、性能检验报告和复验报告	／	
	2	饰面砖粘贴材料、施工方法	外墙饰面砖粘贴工程的找平、防水、黏结、填缝材料及施工方法应符合设计要求和现行行业标准《外墙饰面砖工程施工及验收规程》JGJ 126 的规定	检查产品合格证书、复验报告和隐蔽工程验收记录	／	
	3	伸缩缝设置	外墙饰面砖粘贴工程的伸缩缝设置应符合设计要求	观察；尺量检查	／	

续表

	验收项目	设计要求及规范规定		最小/实际抽样数量	检查记录	检查结果
主控项目	4 外墙饰面砖粘贴应牢固	检查外墙饰面砖黏结强度检验报告和施工记录		/		
	5 外墙饰面砖工程应无空鼓、裂缝	观察;用小锤轻击检查		/		
一般项目	1 表观质量	外墙饰面砖表面应平整、洁净、色泽一致,应无裂痕和缺损		观察	/	
	2 阴阳角构造	饰面砖外墙阴阳角构造应符合设计要求		观察	/	
	3 墙面凸出物	墙面凸出物周围的外墙饰面砖应整砖套割吻合,边缘应整齐。墙裙、贴脸突出墙面的厚度应一致		观察;尺量检查	/	
	4 饰面砖接缝	外墙饰面砖接缝应平直、光滑,填嵌应连续、密实;宽度和深度应符合设计要求		观察;尺量检查	/	
	5 滴水线(槽)	有排水要求的部位应做滴水线(槽)。滴水线(槽)应顺直,流水坡向应正确,坡度应符合设计要求		观察;用水平尺检查	/	
	6	外墙饰面砖粘贴的允许偏差(mm)	立面垂直度	3	用 2 m 垂直检测尺检查	/
			表面平整度	3	用 2 m 靠尺和塞尺检查	/
			阴阳角方正	3	用 200 mm 直角检测尺检查	/
			接缝直线度	3	拉5 m线,不足5 m拉通线,用钢直尺检查	/
			接缝高低差	1	用钢直尺和塞尺检查	/
			接缝宽度	1	用钢直尺检查	/

续表

施工单位检查结果	专业工长： 项目专业质量检查员： 年 月 日	监理（建设）单位验收结论	专业监理工程师： （建设单位项目专业技术负责人）： 年 月 日

注：1．本记录适用于高度不大于100 m、抗震设防烈度不大于8度、采用满粘法施工的外墙饰面砖粘贴工程的质量验收。

2．检验批的划分：相同材料、工艺和施工条件的室外饰面砖工程每1 000 m² 应划分为一个检验批，不足1 000 m² 也应划分为一个检验批。

3．检查数量：室外每个检验批每100 m² 应至少抽查一处，每处不得小于10 m²。

3）西、南、北立面及出屋面层外墙饰面砖粘贴施工过程中饰面砖粘贴检验批质量验收记录

要求学生参照东立面外墙饰面砖粘贴施工所需填写的质量验收资料，分组讨论，然后运用工程资料软件，在计算机上操作完成填写。

2. 饰面砖子分部工程质量验收记录

饰面砖子分部工程质量验收记录

GB 50210—2018 桂建质0307

单位（子单位）工程名称		分部工程名称	建筑装饰装修	分项工程数量	
施工单位		项目负责人		技术（质量）负责人	
分包单位		分包单位负责人		分包内容	

序号	分项工程名称	检验批数	施工单位检查结果	监理（建设）单位验收意见
1	外墙饰面砖粘贴			（验收意见、合格或不合格的结论、是否同意验收）
2	内墙饰面砖粘贴			

质量控制资料检查结论	（按附表第1~9项检查） 共　项，经查符合要求　项，经核定符合规范要求　项	安全和功能检验（检测）报告检查结论	（按附表第10~13项检查） 共核查　项，符合要求　项，经返工处理符合要求　项
观感验收记录	1．共抽查　项，符合要求　项，不符合要求　项 2．观感质量评价：	验收组验收结论	（合格或不合格、是否同意验收的结论）

续表

勘察单位 项目负责人：	设计单位 项目负责人：	分包单位 项目负责人： 　　　　　　　　年　月　日 施工单位 项目负责人：	监理(建设)单位 项目负责人：
 年　月　日	年　月　日	年　月　日	年　月　日

注:"经核定符合规范要求　项"是指初验未通过的项目,按《建筑工程施工质量验收统一标准》GB 50300—2013 第5.0.6
　　条处理的情况。

饰面砖子分部工程资料检查表

GB 50210—2018　　　　　　　　　　　　　　　　　　　　　　桂建质 0307 附表

序号	检查内容	份数	监理单位检查意见
1	设计图纸/变更文件	/	
2	外墙陶瓷面砖性能检测报告		
3	水泥合格证/检验报告	/	
4	其他材料合格证/检验报告		
5	进场验收记录		
6	隐蔽工程检查验收记录		
7	施工记录		
8	重大质量问题处理方案/验收记录	/	
9	分项工程质量验收记录——桂建质(分项A类)		
10	后置埋件现场拉拔检测报告		
11	外墙饰面砖样板件黏结强度检测报告		
12	人造木板甲醛含量检测报告		
13	室内用花岗石放射性检测报告		
检查人： 　　　　　　　　　　　　　　　　　　　　　　　　　　　年　月　日			

注:检查意见分两种。合格打"√",不合格打"×"。

任务五　涂饰子分部

1. 水性涂料涂饰分项工程

1) 水性涂料涂饰分项工程质量验收记录

水性涂料涂饰分项工程质量验收记录在分项工程所含检验批验收完毕后进行。

水性涂料涂饰分项工程质量验收记录

桂建质（分项 A 类）

单位(子单位) 工程名称			分部(子分部) 工程名称			
检验批数量			分项工程专业 质量检查员			
施工单位			项目负责人		项目技术 负责人	
分包单位			分包单位 项目负责人		分包内容	
序号	检验批名称	检验批容量	部位/区段		施工单位 检查结果	监理(建设)单位 验收意见
1						
2						
3						
4						
5						
6						
7						
8						
9						
10						
11						
12						
说明：						

续表

施工单位 检查结果	项目专业技术负责人： 年 月 日
监理(建设)单位 验收结论	专业监理工程师： (建设单位项目专业技术负责人)： 年 月 日

注：本表(分项 A 类)适用于不涉及全高垂直度检查、无特殊要求的分项工程。混凝土现浇结构、混凝土装配结构、砖砌体、混凝土小型空心砌块砌体、石砌体分项工程质量验收记录使用分项 B 类表格。

2)1 至 9 层门厅、电梯厅、楼梯间仿瓷涂料内墙涂饰施工过程中水性涂料涂饰检验批质量验收记录

(1)工艺流程

工艺流程：墙面基层处理→弹线、分格、粘条→拌制面层材料→喷涂（滚涂、弹涂）→起分格条→勾缝→养护。

(2)应注意的质量问题

①颜色不均，二次修补接槎明显：主要原因是配合比掌握不准，掺合料不匀；喷、滚、弹手法不一，或涂层厚度不一；采用单排外架子施工，随拆架子，随墙脚手眼，随补抹灰，随喷、滚、弹，因后修补灰活与原抹灰层含水不一，面层二次修补造成接槎明显。解决办法：由专人掌握配合比，合理配料，计量要准确；喷、滚、弹面层施工指定专人负责，施工手法一致，面层厚度一致；使用此类方法施工，严禁采用单排外架子；如采用双排外架子施工，禁止将支杆靠压在墙上，以免造成灰层的二次修补，影响涂层美观。

②喷、滚、弹面层的空鼓和裂缝：主要原因是底层抹灰没按要求分格，水泥砂浆面积过大，干缩不一，会形成空鼓及开裂，底层的空裂将面层拉裂。因此，打底灰时应按图纸要求分格，以解决抹灰层收缩裂缝。

③底灰抹得不平或抹纹明显：主要是因为喷、滚、弹涂层较薄，底灰上的弊病通过面层是掩盖不了的。因此，要求底灰抹好后，应按水泥砂浆抹面交验的标准来检查验收，否则不能施涂面层涂层。

④面层施工接槎明显：主要原因是面层施工没有将槎子甩在分格条处或不显眼的地方，而是无计划乱甩槎，形成面层涂层接槎明显。解决办法：施工中间甩槎，必须把槎子甩到分格缝、伸缩缝或管后不显眼的地方，严禁在块中甩槎；二次接槎施工时注意涂层厚度，避免涂层重叠、深浅不一。

⑤施工时颜色很好，交工时污染严重：主要原因是涂层颜色不好，经风吹、雨淋、日晒颜色变化，交竣验收时污染严重。解决办法：选用抗紫外线、抗老化、抗日光照射的颜料，施工时严格控制加水；中途不能随意加水，以保证颜色一致；为防止面层污染，在涂层完工 24 h 后喷有机硅一道，并注意有机硅喷涂厚度应一致，防止流淌或过厚，形成花感。

水性涂料涂饰检验批质量验收记录

GB 50210—2018   桂建质 030901 [0] [0] [1] (一)

单位(子单位)工程名称			分部(子分部)工程名称	建筑装饰装修(涂饰工程)	分项工程名称	水性涂料涂饰
施工单位			项目负责人		检验批容量	
分包单位			分包单位项目负责人		检验批部位	
施工依据			《建筑涂饰工程施工及验收规程》JGJ/T 29—2015	验收依据	《建筑装饰装修工程质量验收标准》GB 50210—2018	

		验收项目	设计要求及规范规定	检查方法	最小/实际抽样数量	检查记录	检查结果
主控项目	1	涂料质量	水性涂料涂饰工程所用涂料的品种、型号和性能应符合设计要求及国家现行标准的有关规定	检查产品合格证书、性能检测报告和进场验收记录	/		
	2	涂饰颜色、光泽、图案	水性涂料涂饰工程的颜色、光泽、图案应符合设计要求	观察	/		
	3	涂饰工程	水性涂料涂饰工程应涂饰均匀、黏结牢固,不得漏涂、透底、开裂、起皮和掉粉	观察;手摸检查	/		
	4	基层处理	新建筑物的混凝土或抹灰基层在用腻子找平或直接涂饰涂料前应涂刷抗碱封闭底漆	观察;手摸检查;检查施工记录	/		
			既有建筑墙面在用腻子找平或直接涂饰涂料前应清除疏松的旧装修层,并涂刷界面剂		/		
			混凝土或抹灰基层在用溶剂型腻子找平或直接涂刷溶剂型涂料时,含水率不得大于8%;在用乳液型腻子找平或直接涂刷乳液型涂料时,含水率不得大于10%,木材基层的含水率不得大于12%		/		
			找平层应平整、坚实、牢固,无分化、起皮和裂缝;内墙找平层的黏结强度应符合现行行业标准《建筑室内用腻子》JG/T 298 的规定		/		
			厨房、卫生间墙面的找平层应使用耐水腻子		/		

续表

	验收项目		设计要求及规范规定		检查方法	最小/实际抽样数量	检查记录	检查结果
一般项目	1	薄涂料的涂饰质量	颜色	普通涂饰	均匀一致	观察	/		
				高级涂饰			/		
			光泽、光滑	普通涂饰	光泽基本均匀,光滑无挡手感		/		
				高级涂饰	光泽均匀一致,光滑		/		
			泛碱、咬色	普通涂饰	允许少量轻微		/		
				高级涂饰	不允许		/		
			流坠、疙瘩	普通涂饰	允许少量轻微		/		
				高级涂饰	不允许		/		
			砂眼、刷纹	普通涂饰	允许少量轻微砂眼、刷纹通顺		/		
				高级涂饰	无砂眼,无刷纹		/		

水性涂料涂饰检验批质量验收记录

GB 50210—2018

桂建质 030901 ⬚0⬚ ⬚0⬚ ⬚1⬚（二）

	验收项目		设计要求及规范规定		检查方法	最小/实际抽样数量	检查记录	检查结果
一般项目	2	厚涂料的涂饰质量	颜色	普通涂饰	均匀一致	观察	/		
				高级涂饰			/		
			光泽	普通涂饰	光泽基本均匀		/		
				高级涂饰	光泽均匀一致		/		
			泛碱、咬色	普通涂饰	允许少量轻微		/		
				高级涂饰	不允许		/		
			点状分布	普通涂饰	—		/		
				高级涂饰	疏密均匀		/		
	3	复层涂料的涂饰质量	颜色		均匀一致	观察			
			光泽		光泽基本均匀				
			泛碱、咬色		不允许				
			喷点疏密程度		均匀,不允许连片				
	4	涂层与其他装修材料和设备衔接			衔接处应吻合,界面应清晰	观察	/		

续表

验收项目		设计要求及规范规定					检查方法	最小/实际抽样数量	检查记录	检查结果
一般项目	5	允许偏差(mm)								
		薄涂料		后涂料		复层涂料				
		普通涂饰	高级涂饰	普通涂饰	高级涂饰					
		立面垂直度					用2 m垂直检测尺检查	/		
		3	2	4	3	5				
		表面平整度					用2 m靠尺和塞尺检查	/		
		3	2	4	3	5				
		阴阳角方正					用200 mm直角检测尺检查	/		
		3	2	4	3	4				
		装饰线、分色线直线度					拉5 m线,不足5 m拉通线,用钢直尺检查	/		
		2	1	2	1	3				
		墙裙、勒脚上口直线度					拉5 m线,不足5 m拉通线,用钢直尺检查	/		
		2	1	2	1	3				
施工单位检查结果		专业工长: 项目专业质量检查员: 年 月 日					监理(建设)单位验收结论	专业监理工程师: (建设单位项目专业技术负责人): 年 月 日		

注:1. 本记录适用于乳液型涂料、无机涂料、水溶性涂料等水性涂料涂饰工程的质量验收。

 2. 检验批的划分:

  ①室外:室外涂饰工程每一栋楼的同类涂料涂饰的墙面每1 000 m² 应划分为一个检验批,不足1 000 m² 也应划分为一个检验批。

  ②室内:室内涂饰工程同类涂料涂饰的墙面每50 间应划分为一个检验批,不足50 间也应划分为一个检验批,大面积房间和走廊可按涂饰面积每30 m² 计为1 间。

 3. 检验批的检查数量:

  ①室外:室外涂饰工程每100 m² 应至少抽查一处,每处不得小于10 m²。

  ②室内:室内涂饰工程每个检验批应至少抽查10%,并不得少于3 间;不足3 间时应全数检查。

 4. 涂料涂饰工程施工的环境温度应在5~35 ℃。

 5. 涂饰工程应在涂层养护期满后进行质量验收。

3)1 至9 层门厅、电梯厅、楼梯间仿瓷涂料顶棚涂饰施工过程中水性涂料涂饰检验批质量验收记录

  要求学生参照1 至9 层门厅、电梯厅、楼梯间仿瓷涂料内墙涂饰施工所需填写的质量验收

资料,分组讨论,然后运用工程资料软件,在计算机上操作完成填写。

4)1至3层阳台白色涂料外墙涂饰施工过程中水性涂料涂饰检验批质量验收记录

水性涂料涂饰检验批质量验收记录

GB 50210—2018　　　　　　　　　　　　　　　　　　桂建质 030901 [0][0][1](一)

单位(子单位)工程名称			分部(子分部)工程名称	建筑装饰装修(涂饰工程)	分项工程名称	水性涂料涂饰
施工单位			项目负责人		检验批容量	
分包单位			分包单位项目负责人		检验批部位	
施工依据			《建筑涂饰工程施工及验收规程》JGJ/T 29—2015	验收依据	《建筑装饰装修工程质量验收标准》GB 50210—2018	

		验收项目	设计要求及规范规定	检查方法	最小/实际抽样数量	检查记录	检查结果
主控项目	1	涂料质量	水性涂料涂饰工程所用涂料的品种、型号和性能应符合设计要求及国家现行标准的有关规定	检查产品合格证书、性能检测报告和进场验收记录	/		
	2	涂饰颜色、光泽、图案	水性涂料涂饰工程的颜色、光泽、图案应符合设计要求	观察	/		
	3	涂饰工程	水性涂料涂饰工程应涂饰均匀、黏结牢固,不得漏涂、透底、开裂、起皮和掉粉	观察;手摸检查	/		
	4	基层处理	新建筑物的混凝土或抹灰基层在用腻子找平或直接涂饰涂料前应涂刷抗碱封闭底漆	观察;手摸检查;检查施工记录	/		
			既有建筑墙面在用腻子找平或直接涂饰涂料前应清除疏松的旧装修层,并涂刷界面剂		/		
			混凝土或抹灰基层在用溶剂型腻子找平或直接涂刷溶剂型涂料时,含水率不得大于8%;在用乳液型腻子找平或直接涂刷乳液型涂料时,含水率不得大于10%,木材基层的含水率不得大于12%		/		

续表

	验收项目		设计要求及规范规定	检查方法	最小/实际抽样数量	检查记录	检查结果
主控项目	4	基层处理	找平层应平整、坚实、牢固,无分化、起皮和裂缝;内墙找平层的黏结强度应符合现行行业标准《建筑室内用腻子》JG/T 298 的规定	观察;手摸检查;检查施工记录	/		
			厨房、卫生间墙面的找平层应使用耐水腻子		/		
一般项目	1	薄涂料的涂饰质量	颜色 普通涂饰	均匀一致	观察	/		
			颜色 高级涂饰			/		
			光泽、光滑 普通涂饰	光泽基本均匀,光滑无挡手感		/		
			光泽、光滑 高级涂饰	光泽均匀一致,光滑		/		
			泛碱、咬色 普通涂饰	允许少量轻微		/		
			泛碱、咬色 高级涂饰	不允许		/		
			流坠、疙瘩 普通涂饰	允许少量轻微		/		
			流坠、疙瘩 高级涂饰	不允许		/		
			砂眼、刷纹 普通涂饰	允许少量轻微砂眼、刷纹通顺		/		
			砂眼、刷纹 高级涂饰	无砂眼,无刷纹		/		

水性涂料涂饰检验批质量验收记录

GB 50210—2018   桂建质030901 ⬚0⬚ ⬚0⬚ ⬚1⬚(二)

	验收项目		设计要求及规范规定	检查方法	最小/实际抽样数量	检查记录	检查结果
一般项目	2	厚涂料的涂饰质量	颜色 普通涂饰	均匀一致	观察	/		
			颜色 高级涂饰			/		
			光泽 普通涂饰	光泽基本均匀		/		
			光泽 高级涂饰	光泽均匀一致		/		
			泛碱、咬色 普通涂饰	允许少量轻微		/		
			泛碱、咬色 高级涂饰	不允许.		/		
			点状分布 普通涂饰	—		/		
			点状分布 高级涂饰	疏密均匀		/		

续表

	验收项目		设计要求及规范规定	检查方法	最小/实际抽样数量	检查记录	检查结果
一般项目	3 复层涂料的涂饰质量	颜色	均匀一致	观察	/		
		光泽	光泽基本均匀		/		
		泛碱、咬色	不允许		/		
		喷点疏密程度	均匀,不允许连片		/		
	4 涂层与其他装修材料和设备衔接		衔接处应吻合,界面应清晰	观察	/		

	允许偏差(mm)					检查方法	最小/实际抽样数量	检查记录	检查结果
	薄涂料		后涂料		复层涂料				
	普通涂饰	高级涂饰	普通涂饰	高级涂饰					
5 立面垂直度	3	2	4	3	5	用2 m垂直检测尺检查	/		
表面平整度	3	2	4	3	5	用2 m靠尺和塞尺检查	/		
阴阳角方正	3	2	4	3	4	用200 mm直角检测尺检查	/		
装饰线、分色线直线度	2	1	2	1	3	拉5 m线,不足5 m拉通线,用钢直尺检查	/		
墙裙、勒脚上口直线度	2	1	2	1	3	拉5 m线,不足5 m拉通线,用钢直尺检查	/		

施工单位检查结果	专业工长: 项目专业质量检查员: 年　月　日	监理(建设)单位验收结论	专业监理工程师: (建设单位项目专业技术负责人): 年　月　日

注:1. 本记录适用于乳液型涂料、无机涂料、水溶性涂料等水性涂料涂饰工程的质量验收。

2. 检验批的划分:

①室外:室外涂饰工程每一栋楼的同类涂料涂饰的墙面每1 000 m² 应划分为一个检验批,不足1 000 m² 也应划分为一个检验批。

②室内:室内涂饰工程同类涂料涂饰的墙面每50 间应划分为一个检验批,不足50 间也应划分为一个检验批,大面积

房间和走廊可按涂饰面积每 30 m² 计为 1 间。

3. 检验批的检查数量：

①室外：室外涂饰工程每 100 m² 应至少抽查一处，每处不得小于 10 m²。

②室内：室内涂饰工程每个检验批应至少抽查 10%，并不得少于 3 间；不足 3 间时应全数检查。

4. 涂料涂饰工程施工的环境温度应在 5~35 ℃。

5. 涂饰工程应在涂层养护期满后进行质量验收。

5) 4 至 6 层、7 至 9 层阳台白色涂料外墙涂饰施工过程中水性涂料涂饰检验批质量验收记录

要求学生参照 1 至 3 层阳台白色涂料外墙涂饰施工所需填写的质量验收资料，分组讨论，然后运用工程资料软件，在计算机上操作完成填写。

2. 涂饰子分部工程质量验收记录

涂饰子分部工程质量验收记录

GB 50210—2018   桂建质 0309

单位(子单位)工程名称			分部工程名称	建筑装饰装修	分项工程数量	
施工单位			项目负责人		技术(质量)负责人	
分包单位			分包单位负责人		分包内容	

序号	分项工程名称	检验批数	施工单位检查结果	监理(建设)单位验收意见
1	水性涂料涂饰			(验收意见、合格或不合格的结论、是否同意验收)
2	溶剂型涂料涂饰			
3	美术涂饰			

质量控制资料检查结论	序号	资料名称	份数	监理单位检查意见
	1	设计图纸/变更文件	/	
	2	材料合格证/检验报告	/	
	3	进场验收记录		
	4	施工记录		
	5	重大质量问题处理方案/验收记录	/	
	6	分项工程质量验收记录——桂建质(分项 A 类)		
	(按上表检查)			
	共　　项,经查符合要求　　项,经核定符合规范要求　　项　　　　　　　　　　　　　　　检查人： 　　　　　　　　　　　　　　　年　月　日			

续表

观感验收记录	1. 共抽查 项,符合要求 项,不符合要求 项 2. 观感质量评价:		验收组验收结论	(合格或不合格、是否同意验收的结论)	
勘察单位 项目负责人:	设计单位 项目负责人:		分包单位 项目负责人: 施工单位 项目负责人: 年 月 日		监理(建设)单位 项目负责人: 年 月 日
年 月 日	年 月 日		年 月 日		

注:"经核定符合规范要求 项"是指初验未通过的项目,按《建筑工程施工质量验收统一标准》GB 50300—2013 第 5.0.6 条处理的情况。

任务六 细部子分部

1. 护栏和扶手制作与安装分项工程

1) 护栏和扶手制作与安装分项工程质量验收记录

护栏和扶手制作与安装分项工程质量验收记录在分项工程所含检验批验收完毕后进行。

护栏和扶手制作与安装分项工程质量验收记录

桂建质(分项 A 类)

单位(子单位) 工程名称			分部(子分部) 工程名称			
检验批数量			分项工程专业 质量检查员			
施工单位			项目负责人		项目技术 负责人	
分包单位			分包单位 项目负责人		分包内容	
序号	检验批名称	检验批容量	部位/区段		施工单位 检查结果	监理(建设)单位 验收意见
1						
2						
3						

续表

序号	检验批名称	检验批容量	部位/区段	施工单位 检查结果	监理(建设)单位 验收意见
4					
5					
6					
7					
8					
9					
10					
11					
12					
说明:					
施工单位 检查结果				项目专业技术负责人: 　　　　　　年　月　日	
监理(建设) 单位验收结论				专业监理工程师: (建设单位项目专业技术负责人): 　　　　　　年　月　日	

注:本表(分项A类)适用于不涉及全高垂直度检查、无特殊要求的分项工程。混凝土现浇结构、混凝土装配结构、砖砌体、混凝土小型空心砌块砌体、石砌体分项工程质量验收记录使用分项B类表格。

2)一单元楼梯护栏和扶手制作与安装施工过程中护栏和扶手制作与安装检验批质量验收记录

护栏和扶手制作与安装检验批质量验收记录

GB 50210—2018 　　　　　　　　　　　　　　　　　桂建质 031104 ⬚0⬚ ⬚0⬚ ⬚1⬚

单位(子单位) 工程名称		分部(子分部) 工程名称	建筑装饰装修 (细部工程)	分项工 程名称	护栏和扶手 制作与安装
施工单位		项目负责人		检验批容量	
分包单位		分包单位 项目负责人		检验批部位	
施工依据	建筑装饰装修施工方案		验收依据	《建筑装饰装修工程质量 验收标准》GB 50210—2018	

续表

	验收项目	设计要求及规范规定		最小/实际抽样数量	检查记录	检查结果
主控项目	1 材料质量	护栏和扶手制作与安装所使用材料的材质、规格、数量和木材、塑料的燃烧性能等级应符合设计要求			观察;检查产品合格证书、进场验收记录和性能检验报告	
	2 护栏和扶手的造型、尺寸及安装位置	应符合设计要求		/	观察;尺量检查;检查进场验收记录	
	3 预埋件	护栏和扶手安装预埋件的数量、规格、位置以及护栏与预埋件的连接节点应符合设计要求		/	检查隐蔽工程验收记录和施工记录	
	4 护栏高度、栏杆间距、安装位置	护栏高度、栏杆间距、安装位置应符合设计要求。护栏安装应牢固		/	观察;尺量检查;手扳检查	
	5 栏板玻璃	栏板玻璃的使用应符合设计要求和现行行业标准《建筑玻璃应用技术规程》JGJ 113的规定		/	观察;尺量检查;检查产品合格证书和进场验收记录	
一般项目	1 转角、接缝和表观质量	护栏和扶手转角弧度应符合设计要求,接缝应严密,表面应光滑,色泽应一致,不得有裂缝、翘曲及损坏		/	观察;手摸检查	
	2	护栏和扶手安装的允许偏差(mm)	护栏垂直度 3	/	用1 m垂直检测尺检查	
			栏杆间距 0,−6	/	用钢尺检查	
			扶手直线度 4	/	拉通线,用钢直尺检查	
			扶手高度 +6,0	/	用钢尺检查	
施工单位检查结果		专业工长: 项目专业质量检查员:　　　　　　　　　　　年　月　日				

续表

监理(建设)单位验收结论	专业监理工程师: (建设单位项目专业技术负责人):	年 月 日

注:检验批的划分与检查数量:每部楼梯应划分为一个检验批;护栏、扶手每个检验批应全数检查。

3)单元楼梯、1至3层阳台、4至6层阳台、7至9层阳台、屋面层及一层室外残疾人坡道护

栏和扶手制作与安装施工过程中护栏和扶手制作与安装检验批质量验收记录

要求学生参照一单元楼梯护栏和扶手制作与安装施工所需填写的质量验收资料,分组讨论,然后运用工程资料软件,在计算机上操作完成填写。

2.细部子分部工程质量验收记录

细部子分部工程质量验收记录

GB 50210—2018   桂建质0311

单位(子单位)工程名称		分部工程名称	建筑装饰装修	分项工程数量	
施工单位		项目负责人		技术(质量)负责人	
分包单位		分包单位负责人		分包内容	

序号	分项工程名称	检验批数	施工单位检查结果	监理(建设)单位验收意见
1	橱柜制作与安装			(验收意见、合格或不合格的结论、是否同意验收)
2	窗帘盒和窗台板制作与安装			
3	门窗套制作与安装			
4	护栏和扶手制作与安装			
5	花饰制作与安装			

质量控制资料检查结论	(按附表第1~7项检查) 共　　项,经查符合要求　　项,经核定符合规范要求　　项	安全和功能检验(检测)报告检查结论	(按附表第8~10项检查) 共核查　　项,符合要求　　项,经返工处理符合要求　　项
观感验收记录	1.共抽查　　项,符合要求　　项,不符合要求　　项 2.观感质量评价:	验收组验收结论	(合格或不合格、是否同意验收的结论)

续表

勘察单位 项目负责人：	设计单位 项目负责人：	分包单位 项目负责人： 年　月　日 施工单位 项目负责人：	监理(建设)单位 项目负责人：
年　月　日	年　月　日	年　月　日	年　月　日

注:"经核定符合规范要求　　项"是指初验未通过的项目,按《建筑工程施工质量验收统一标准》GB 50300—2013 第 5.0.6
条处理的情况。

细部子分部工程资料检查表

GB 50210—2018　　　　　　　　　　　　　　　　　　　　　　　桂建质 0311 附表

序号	检查内容	份数	监理单位检查意见
1	设计图纸/变更文件	/	
2	材料合格证/检验报告	/	
3	进场验收记录		
4	隐蔽工程检查验收记录		
5	施工记录		
6	重大质量问题处理方案/验收记录	/	
7	分项工程质量验收记录——桂建质(分项 A 类)		
8	人造木板甲醛含量检测报告		
9	花岗石放射性检测报告		
10	材料燃烧性能检验报告		
检查人：			
			年　月　日

注:检查意见分两种,合格打"√",不合格打"×"。

207

任务七　建筑装饰装修分部工程质量验收资料

知识构成

建筑装饰装修分部工程质量验收应依据《建筑工程施工质量验收统一标准》GB 50300—2013 和《建筑装饰装修工程质量验收标准》GB 50210—2018 进行。

分部工程质量验收记录是对分部工程包含的所有子分部工程的质量验收记录进行汇总、核查,并查验质量控制资料、安全和功能检测报告、观感质量是否满足要求的记录资料。

建筑装饰装修分部工程质量验收合格应符合下列规定:

①所含分项工程的质量均应验收合格;

②质量控制资料应完整;

③有关安全、节能、环境保护和主要使用功能的抽样检验结果应符合相应规定;

④观感质量应符合要求。

课堂活动

📖 结合工程实例(见本书所附图纸),让学生分组讨论建筑装饰装修分部工程质量验收的条件是否具备,建筑地面子分部、抹灰子分部、门窗子分部、饰面砖子分部、涂饰子分部、细部子分部的质量验收资料及其各分项工程质量验收资料是否完整。

📖 列出建筑装饰装修分部工程质量验收还需要填写的表格。

📖 教师引导,学生分组讨论并填写以下资料。

建筑装饰装修分部工程质量验收记录

GB 50300—2013　　　　　　　　　　　　　　　　　　　　　　　　　　桂建质 03

单位(子单位)工程名称		子分部工程数量		分项工程数量	
施工单位		项目负责人		技术(质量)负责人	
分包单位		分包单位负责人		分包内容	
序号	子分部工程名称	分项工程数	施工单位检查结果	验收组验收结论	
1	抹灰			(验收意见、合格或不合格的结论、是否同意验收)	
2	外墙防水				

续表

序号	子分部工程名称	分项工程数	施工单位检查结果	验收组验收结论
3	门窗			（验收意见、合格或不合格的结论、是否同意验收）
4	吊顶			
5	轻质隔墙			
6	饰面板			
7	饰面砖			
8	幕墙			
9	涂饰			
10	裱糊与软包			
11	细部			
12	建筑地面			

质量控制资料检查结论	共　　项,经查符合要求　　项,经核定符合规范要求　　项	安全和功能检验（检测）报告检查结论	共核查　　项,符合要求　　项,经返工处理符合要求　　项
观感质量验收结论	1.共抽查　　项,符合要求　　项,不符合要求　　项 2.观感质量评价（好、一般、差）：		

施工单位	设计单位	监理（建设）单位	勘察单位
项目负责人： （公章） 　年　月　日	项目负责人： （公章） 　年　月　日	项目负责人： （公章） 　年　月　日	项目负责人： （公章） 　年　月　日

注:1.质量控制资料、安全和功能检验（检测）报告检查情况可查阅有关子分部工程质量验收记录或直接查阅原件,统计整理后填入本表。

2.本验收记录尚应有各有关子分部工程质量验收记录作附件。

3.观感质量验收总由总监理工程师或建设单位项目专业负责人组织并以其为主,听取参验人员意见后作出评价,如评为"差"时,能修的尽量修,若不能修,只要不影响结构安全和使用功能,可协商接收,并在"验收组验收意见"栏中注明。

4.勘察单位不需参加除地基与基础分部以外的分部工程验收,此时可以将勘察单位签字盖章栏删除;设计单位不需参加电梯分部工程验收,此时可以将设计单位签字盖章栏删除,并将施工单位栏改为电梯安装单位栏。

学习情境四　建筑屋面分部工程施工质量验收资料的编制

知识构成

建筑屋面分部工程施工质量验收记录包括分部工程质量验收记录、子分部工程质量验收记录、分项工程质量验收记录和检验批工程质量验收记录。根据《建筑工程施工质量验收统一标准》GB 50300—2013,建筑屋面分部工程按表4-1划分子分部、分项工程。

表4-1　建筑屋面子分部工程、分项工程划分

分部工程	子分部工程	分项工程
屋面工程 (04)	基层与保护 (01)	找坡层和找平层(01),隔汽层(02),隔离层(03),保护层(04)
	保温与隔热 (02)	板状材料保温层(01),纤维材料保温层(02),喷涂硬泡聚氨酯保温层(03),现浇泡沫混凝土保温层(04),种植隔热层(05),架空隔热层(06),蓄水隔热层(07)
	防水与密封 (03)	卷材防水层(01),涂膜防水层(02),复合防水层(03),接缝密封防水(04)
	瓦面与板面 (04)	烧结瓦和混凝土瓦铺装(01),沥青瓦铺装(02),金属板铺装(03),玻璃采光顶铺装(04)
	细部构造 (05)	檐口(01),檐沟和天沟(02),女儿墙和山墙(03),水落口(04),变形缝(05),伸出屋面管道(06),屋面出入口(07),反梁过水孔(08),设施基座(09),屋脊(10),屋顶窗(11)

课堂活动

结合工程实例(见本书所附图纸),让学生分组讨论建筑屋面分部检验批的划分方案,列出某住宅小区20号住宅楼工程建筑屋面施工阶段相关资料名称,编制建筑屋面分部、子

分部、分项与检验批划分计划表(见表4-2)。

表4-2 建筑屋面分部、子分部、分项与检验批计划表

序号	分部工程质量验收记录	子分部工程质量验收记录	分项工程质量验收记录	检验批质量验收记录表格及验收部位
	建筑屋面			

【填写说明】

①依据规范:《屋面工程技术规范》GB 50345—2012 和《屋面工程质量验收规范》GB 50207—2012。

②《建筑工程施工质量验收统一标准》GB 50300—2013 第4.0.5 条规定:检验批可根据施工、质量控制和专业验收的需要,按工程量、楼层、施工段、变形缝进行划分。

③《建筑工程施工质量验收统一标准》GB 50300—2013 条文说明第4.0.5 条规定:屋面工程的分项工程可按不同楼层屋面划分为不同的检验批;《屋面工程质量验收规范》GB 50207—2012 第 3.0.14 规定:屋面工程各分项工程宜按屋面面积每 500 ~ 1 000 m² 划分为一个检验批,不足 500 m² 应按一个检验批。

📖 教师引导,同学们自评、互评,完善建筑屋面分部、子分部、分项与检验批计划表,见表4-3。

表 4-3　屋面分部、子分部、分项与检验批计划表

序号	分部工程质量验收记录	子分部工程质量验记录	分项工程质量验收记录	检验批质量验收记录表格及验收部位
1	建筑屋面（04）	基层与保护（01）	找坡层和找平层（01）	①～㉓/Ⓐ～Ⓕ轴9层屋面找坡层检验批质量验收记录
2				楼梯间屋面、电梯机房屋面找坡层检验批质量验收记录
3				楼梯间出屋面雨篷找坡层检验批质量验收记录
4				电梯机房雨篷找坡层检验批质量验收记录
5				2层雨篷找坡层检验批质量验收记录
6				①～㉓/Ⓐ～Ⓕ轴9层屋面找平层检验批质量验收记录
7				楼梯间屋面、电梯机房屋面找平层检验批质量验收记录
8				楼梯间出屋面雨篷找平层检验批质量验收记录
9				电梯机房雨篷找平层检验批质量验收记录
10				2层雨篷找平层检验批质量验收记录
11			隔离层（03）	①～㉓/Ⓐ～Ⓕ轴9层屋面隔离层检验批质量验收记录
12				楼梯间屋面、电梯机房屋面隔离层检验批质量验收记录
13				楼梯间出屋面雨篷隔离层检验批质量验收记录
14				电梯机房雨篷隔离层检验批质量验收记录
15				2层雨篷隔离层检验批质量验收记录
16			保护层（04）	①～㉓/Ⓐ～Ⓕ轴9层屋面保护层检验批质量验收记录（水泥砂浆）
17				楼梯间屋面、电梯机房屋面保护层检验批质量验收记录（水泥砂浆）
18				楼梯间出屋面雨篷保护层检验批质量验收记录（水泥砂浆）
19				电梯机房雨篷保护层检验批质量验收记录（水泥砂浆）
20				2层雨篷保护层检验批质量验收记录（水泥砂浆）
21				①～㉓/Ⓐ～Ⓕ轴9层屋面保护层检验批质量验收记录（细石混凝土）
22		保温与隔热（02）	板状材料保温层（01）	①～㉓/Ⓐ～Ⓕ轴9层屋面板状材料保温层检验批质量验收记录
23				楼梯间屋面、电梯机房屋面板状材料保温层检验批质量验收记录
24				楼梯间出屋面雨篷板状材料保温层检验批质量验收记录
25				电梯机房雨篷板状材料保温层检验批质量验收记录
26				2层雨篷板状材料保温层检验批质量验收记录

续表

序号	分部工程质量验收记录	子分部工程质量验记录	分项工程质量验收记录	检验批质量验收记录表格及验收部位
27	建筑屋面(04)	防水与密封(03)	卷材防水层(01)	①~㉓/Ⓐ~Ⓕ轴9层屋面卷材防水层检验批质量验收记录
28				楼梯间屋面、电梯机房屋面卷材防水层检验批质量验收记录
29				楼梯间出屋面雨篷卷材防水层检验批质量验收记录
30				电梯机房雨篷卷材防水层检验批质量验收记录
31				2层雨篷卷材防水层检验批质量验收记录
32			接缝密封防水(04)	①~㉓/Ⓐ~Ⓕ轴9层屋面接缝密封防水检验批质量验收记录
33				楼梯间屋面、电梯机房屋面接缝密封防水检验批质量验收记录
34		细部构造(05)	檐口(01)	①~㉓/Ⓐ~Ⓕ轴9层屋面檐口检验批质量验收记录
35			檐沟和天沟(02)	①~㉓/Ⓐ~Ⓕ轴9层屋面檐沟和天沟检验批质量验收记录
36			女儿墙和山墙(03)	①~㉓/Ⓐ~Ⓕ轴9层屋面女儿墙和山墙检验批质量验收记录
37			水落口(04)	①~㉓/Ⓐ~Ⓕ轴9层屋面水落口检验批质量验收记录
38				楼梯间屋面、电梯机房屋面水落口检验批质量验收记录
39				楼梯间出屋面雨篷水落口检验批质量验收记录
40				电梯机房雨篷水落口检验批质量验收记录
41				2层雨篷水落口检验批质量验收记录
42			伸出屋面管道(06)	①~㉓/Ⓐ~Ⓕ轴9层屋面伸出屋面管道检验批质量验收记录
43			屋面出入口(07)	①~㉓/Ⓐ~Ⓕ轴9层屋面屋面出入口检验批质量验收记录
44			反梁过水孔(08)	①~㉓/Ⓐ~Ⓕ轴9层屋面反梁过水孔检验批质量验收记录

　　结合工程实例(见本书所附图纸),在学习本情境各任务后,教师引导学生填写建筑屋面分部工程质量验收记录表、各子分部工程质量验收记录表、各分项工程质量验收记录表以及各检验批质量验收记录表。

任务一　基层与保护层子分部

知识构成

　　根据《建筑工程施工质量验收统一标准》GB 50300—2013,基层与保护层子分部工程包含找坡层和找平层(01)、隔汽层(02)、隔离层(03)、保护层(04)4 个分项工程。

课堂活动

　　📖结合工程实例(见本书所附图纸)及表4-3,让学生独立找出本工程案例中找坡层和找平层(01)、隔离层(03)、保护层(04)3 个分项工程的相关施工质量验收表格。

　　📖学生分组讨论,然后独立填写找坡层和找平层(01)、隔离层(03)、保护层(04)3 个分项工程的相关施工质量验收表格。

1)找坡层和找平层分项工程质量验收记录

找坡层和找平层分项工程质量验收记录在分项工程所含检验批验收完毕后进行。

找坡层和找平层分项工程质量验收记录

桂建质(分项 A 类)

单位(子单位)工程名称			分部(子分部)工程名称			
检验批数量			分项工程专业质量检查员			
施工单位			项目负责人		项目技术负责人	
分包单位			分包单位项目负责人		分包内容	
序号	检验批名称	检验批容量	部位/区段		施工单位检查结果	监理(建设)单位验收意见
1						
2						
3						
4						
5						
6						

续表

序号	检验批名称	检验批容量	部位/区段	施工单位检查结果	监理(建设)单位验收意见
7					
8					
9					
10					
11					
12					

说明：

施工单位检查结果	项目专业技术负责人： 年　月　日
监理(建设)单位验收结论	专业监理工程师： (建设单位项目专业技术负责人)： 年　月　日

注：本表(分项 A 类)适用于不涉及全高垂直度检查、无特殊要求的分项工程。混凝土现浇结构、混凝土装配结构、砖砌体、混凝土小型空心砌块砌体、石砌体分项工程质量验收记录使用分项 B 类表格。

【填写说明】

①分项工程由专业监理工程师组织施工单位项目专业技术负责人等参与验收。

②分项工程质量合格必须满足两个条件：

a. 分项工程所含检验批的质量均应验收合格；

b. 分项工程所含检验批的质量验收记录应完整。

2）找坡层检验批质量验收记录

找坡层检验批质量验收记录

GB 50207—2012 　　　　　　　　　　　　　　　　　桂建质 040101 | 0 | 0 | 1 |

单位(子单位)工程名称				分部(子分部)		建筑屋面（基层与保护）	分项工程名称	找坡层
施工单位				项目负责人			检验批容量	
分包单位				分包单位项目			检验批部位	
施工依据		《屋面工程技术规范》GB 50345—2012			验收依据		《屋面工程质量验收规范》GB 50207—2012	

		验收项目	设计要求及规范规定		最小/实际抽样数量	检查记录	检查结果
主控项目	1	材料质量和配合比	符合设计要求		检查出厂合格证、质量检验报告和计量措施	/	
	2	排水坡度	符合设计要求		坡度尺检查	/	
			设计无要求时	结构找坡不应小于3%		/	
				材料找坡宜为2%		/	
				檐沟、天沟纵向找坡不应小于1%，沟底水落差不得超过200 mm		/	
一般项目	1	找坡层铺设	采用轻骨料混凝土；找坡材料应分层铺设和适当压实，表面应平整		观察检查	/	
	2	表面平整度	找坡层允许偏差	7 mm	2 m靠尺和塞尺检查	/	

施工单位检查结果	专业工长： 项目专业质量检查员：　　　　　　　　　　　　　　　年　月　日
监理(建设)单位验收结论	专业监理工程师： (建设单位项目专业技术负责人)：　　　　　　　　　年　月　日

注：检查数量：按屋面面积每100 m²抽查一处，每处应为10 m²，且不得少于3处。

3) 找平层检验批质量验收记录

找平层检验批质量验收记录

GB 50207—2012

桂建质 040102 | 0 | 0 | 1

单位(子单位)工程名称				分部(子分部)工程名称	建筑屋面(基层与保护)	分项工程名称	找平层
施工单位				项目负责人		检验批容量	
分包单位				分包单位项目负责人		检验批部位	
施工依据			《屋面工程技术规范》GB 50345—2012		验收依据	《屋面工程质量验收规范》GB 50207—2012	

	验收项目		设计要求及规范规定		最小/实际抽样数量	检查记录	检查结果
主控项目	1	材料质量和配合比	符合设计要求		检查出厂合格证、质量检验报告和计量措施	/	
	2	排水坡度	符合设计要求		/		
			设计无要求时	结构找坡不应小于3%	坡度尺检查	/	
				材料找坡宜为2%		/	
				檐沟、天沟纵向找坡不应小于1%,沟底水落差不得超过200 mm		/	
一般项目	1	表面质量	找平层应抹平、压光,不得有酥松、起砂、起皮现象		观察检查	/	
	2	交接处和转角处细部处理	卷材防水层的基层与突出屋面结构的交接处,以及基层的转角处,找平层应做成圆弧形,且应整齐平顺		观察检查	/	
	3	分格缝宽度和间距	符合设计要求			/	
	4	表面平整度	找平层允许偏差	5 mm	2 m靠尺和塞尺检查	/	

续表

施工单位 检查结果	专业工长: 项目专业质量检查员:		年 月 日
监理(建设)单位 验收结论	专业监理工程师: (建设单位项目专业技术负责人):		年 月 日

注:检查数量:按屋面面积每100 m² 抽查一处,每处应为10 m²,且不得少于3处。

4)隔离层检验批质量验收记录

隔离层检验批质量验收记录

GB 50207—2012 桂建质 040104 | 0 | 0 | 1 |

单位(子单位) 工程名称			分部(子分部) 工程名称	建筑屋面 (基层与保护)	分项工程 名称	隔离层
施工单位			项目负责人		检验批容量	
分包单位			分包单位 项目负责人		检验批部位	
施工依据		《屋面工程技术规范》 GB 50345—2012		验收依据	《屋面工程质量验收规范》 GB 50207—2012	

		验收项目	设计要求及规范规定	最小/实际 抽样数量	检查记录	检查结果
主控项目	1	材料质量及配合比	符合设计要求	查出厂合格证和计量措施	/	
	2	隔离层成品质量	不得有破损和漏铺现象	观察检查	/	
一般项目	1	塑料膜、土工布、卷材的铺设与搭接	铺设平整、搭接宽度≥50 mm、无皱折	观察和尺量检查	/	
	2	砂浆质量	低强度等级砂浆表面应压实、平整,不得有起壳、起砂现象	观察检查	/	

218

续表

施工单位 检查结果	专业工长： 项目专业质量检查员：	年　月　日
监理（建设） 单位验收结论	专业监理工程师： （建设单位项目专业技术负责人）：	年　月　日

注：检查数量：按屋面面积每100 m²抽查一处，每处应为10 m²，且不得少于3处。

5）保护层检验批质量验收记录

保护层检验批质量验收记录

GB 50207—2012

桂建质 040105 ⬚0⬚ ⬚0⬚ ⬚1⬚

单位（子单位） 工程名称				分部（子分部） 工程名称	建筑屋面 （基层与保护）	分项工程 名称	保护层
施工单位				项目负责人		检验批容量	
分包单位				分包单位 项目负责人		检验批部位	
施工依据			《屋面工程技术规范》 GB 50345—2012	验收依据		《屋面工程质量验收规范》 GB 50207—2012	

		验收项目	设计要求及规范规定	最小/实际 抽样数量	检查记录	检查结果
主控项目	1	材料质量 及配合比	符合设计要求	查出厂合格 证、质量检验 报告和计量 措施	/	
	2	块体材料、 水泥砂浆、 细石混凝土 强度等级	符合设计要求	查块体材料、 水泥砂浆或 混凝土抗压 强度试验报 告	/	
	3	排水坡度	符合设计要求	坡度尺检查	/	
一般项目	1	块体材料 保护层 质量要求	块体材料保护层表面应 干净，接缝应平整，周边 应顺直，镶嵌应正确，应 无空鼓现象	小锤轻击和 观察检查	/	
	2	水泥砂浆、 细石混凝 土保护层 质量要求	水泥砂浆、细石混凝土 保护层不得有裂纹、脱 皮、麻面和起砂等现象	观察检查	/	

续表

	验收项目	设计要求及规范规定				最小/实际抽样数量	检查记录	检查结果
一般项目	3	浅色涂料黏结要求	浅色涂料应与防水层黏结牢固,厚薄应均匀,不得漏涂		观察检查	/		
	4	允许偏差(mm)	项目	块体材料	水泥砂浆	细石混凝土		
			表面平整度	4.0	4.0	5.0	2 m靠尺和塞尺检查	/	
			缝格平直	3.0	3.0	3.0	拉线和尺量检查		
			接缝高低差	1.5	—	—	直尺和塞尺检查	/	
			板块间隙宽度	2.0	—	—	尺量检查	/	
			保护层厚度	设计厚度的10%,且不大于5 mm			钢针插入和尺量检查	/	

施工单位检查结果	专业工长: 项目专业质量检查员:	年 月 日
监理(建设)单位验收结论	专业监理工程师: (建设单位项目专业技术负责人):	年 月 日

注:检查数量:按屋面面积每100 m² 抽查一处,每处应为10 m²,且不得少于3处。

6)隐蔽工程检查验收记录(屋面找坡层、找平层、隔离层隐蔽工程检查验收记录)

隐蔽工程检查验收记录

工程名称:　　　　　　　　　　　　　　　　　　　　　　　　编号:××-××-C4-×××

施工单位		被隐蔽工程所属检验批名称	
		覆盖物所属检验批名称	
隐蔽部位		施工时间	自　　　年　　月　　日 至　　　年　　月　　日
隐蔽内容及要求		(隐蔽什么,是否符合设计及规范要求)	

续表

隐蔽原因				
				（隐蔽内容被什么所覆盖）

签字栏	建设（监理）单位	施工单位		
		专业技术负责人	专业质量员	专业工长

【填写说明】

（1）适用范围

本表适用于各专业依规范规定要求进行隐蔽工程检查的验收项目。本表为通用表，由施工单位专业技术负责人组织专业质量员、专业工长填写，监理（建设）单位专业监理工程师审核签认。

（2）填表注意事项

①隐检程序：隐蔽工程检查是保证工程质量与安全的重要过程控制检查，应分专业（土建专业、给水排水专业、通风空调专业等）、分系统（机电工程）、分区段（划分的施工段）、分部位（主体结构、装饰装修等）、分工序（钢筋工程、防水工程等）、分层进行。

②隐蔽部位：按照实际检查部位填写，如"_____层"应填写"地上/地下_____层"，"_____轴"应填写横起至横止轴/纵起至纵止轴，轴线数字码、英文码标注应带圆圈，"_____标高"填写墙柱梁板等的起止标高或顶标高。

③隐检内容及要求：应将隐检的项目、具体内容描述清楚，如主要原材料的复试报告单编号、主要连接件的复试报告单编号、主要施工方法。若文字不能表述清楚时，可用示意简图进行说明。

④隐蔽原因：应将隐蔽内容被什么覆盖描述清楚。

⑤隐蔽工程施工完毕后，由专业工长填写隐检记录，并报请监理单位进行验收。验收后由监理单位签署审核意见。

7）基层与保护子分部工程质量验收记录

基层与保护子分部工程质量验收记录

GB 50207—2012 　　　　　　　　　　　　　　　　　　　　　　　　桂建质0401

单位（子单位）工程名称		分部工程名称		分项工程数量	
施工单位		项目负责人		技术（质量）负责人	
分包单位		分包单位负责人		分包内容	

续表

序号	分项工程名称	检验批数	施工单位检查结果	监理(建设)单位验收意见
1	找坡层和找平层			(验收意见、合格或不合格的结论、是否同意验收)
2	隔汽层			
3	隔离层			
4	保护层			
5				

质量控制资料检查结论	(按附表第1~22项检查) 共　项,经查符合要求　项,经核定符合规范要求　项	安全和功能检验(检测)报告检查结论	(按附表第23项检查) 共核查　项,符合要求　项,经返工处理符合要求　项
观感验收记录	1.共抽查　项,符合要求　项,不符合要求　项 2.观感质量评价:	验收组验收结论	(合格或不合格、是否同意验收的结论)

勘察单位 项目负责人: 年 月 日	设计单位 项目负责人: 年 月 日	分包单位 项目负责人: 年 月 日 施工单位 项目负责人: 年 月 日	监理(建设)单位 项目负责人: 年 月 日

注:"经核定符合规范要求　项"是指初验未通过的项目,按《建筑工程施工质量验收统一标准》GB 50300—2013 第5.0.6条处理的情况。

基层与保护子分部工程资料检查表

GB 50207—2012 桂建质0401 附表

序号	检查内容	份数	监理单位检查意见
1	设计图纸/会审记录/变更文件/材料代用核定单	/ / /	
2	施工方案(施工方法、技术措施、质量保证措施)		
3	技术交底记录(施工操作要求及注意事项)		
4	水泥合格证/试验报告	/	
5	砂检验单/石检验单	/	
6	钢筋合格证/试验报告	/	
7	混凝土外加剂合格证/试验报告	/	
8	混凝土掺合料合格证/试验报告	/	

序号	检查内容	份数	监理单位检查意见
9	混凝土配合比通知单/砂浆配合比通知单	/	
10	商品混凝土出厂合格证		
11	混凝土开盘鉴定记录——桂建质(附)0201(0106)-03		
12	密封材料出厂合格证/试验报告	/	
13	土工布、塑料膜等材料合格证/出厂质量检验报告/试验报告	/ /	
14	防水材料合格证/型式检验报告/出厂质量检验报告	/ /	
15	防水材料进场验收记录/进场检验报告	/	
16	施工日志		
17	工序交接检验记录		
18	分项工程质量验收记录——桂建质(分项A类)		
19	隐蔽工程检查验收记录		
20	观感质量检查记录		
21	重大质量问题处理方案/验收记录	/	
22	事故处理报告/技术总结	/	
23	混凝土/砂浆强度试验报告	/	
24			
25			
26			
27			
28			
29			

检查人：

年　月　日

注:检查意见分两种,合格打"√",不合格打"×"。

任务二　保温与隔热子分部

知识构成

根据《建筑工程施工质量验收统一标准》GB 50300—2013,保温与隔热子分部工程包含板状材料保温层(01)、纤维材料保温层(02)、喷涂硬泡聚氨酯保温层(03)、现浇泡沫混凝土保温层(04)、种植隔热层(05)、架空隔热层(06)、蓄水隔热层(07)7个分项工程。

课堂活动

📖 结合工程实例(见本书所附图纸)及表4-3,让学生独立找出本工程案例中板状材料保温层分项工程的相关施工质量验收表格。

📖 学生分组讨论,然后独立填写板状材料保温层分项工程的相关施工质量验收表格。

下面介绍板状材料保温层分项工程相关施工质量验收表格。

1)板状材料保温层分项工程质量验收记录

板状材料保温层分项工程质量验收记录在分项工程所含检验批验收完毕后进行。

板状材料保温层分项工程质量验收记录

桂建质(分项A类)

单位(子单位) 工程名称			分部(子分部) 工程名称			
检验批数量			分项工程专业 质量检查员			
施工单位			项目负责人		项目技术 负责人	
分包单位			分包单位 项目负责人		分包内容	
序号	检验批名称	检验批容量	部位/区段		施工单位 检查结果	监理(建设)单位 验收意见
1						
2						
3						
4						
5						
6						
7						
8						
9						
10						
11						
12						
说明:						

续表

施工单位 检查结果	项目专业技术负责人： 年　月　日
监理(建设) 单位验收结论	专业监理工程师： (建设单位项目专业技术负责人)： 年　月　日

注：本表(分项 A 类)适用于不涉及全高垂直度检查、无特殊要求的分项工程。混凝土现浇结构、混凝土装配结构、砖砌体、混凝土小型空心砌块砌体、石砌体分项工程质量验收记录使用分项 B 类表格。

【填写说明】

①分项工程由专业监理工程师组织施工单位项目专业技术负责人等参与验收。

②分项工程质量合格必须满足两个条件：

a. 分项工程所含检验批的质量均应验收合格；

b. 分项工程所含检验批的质量验收记录应完整。

2) 板状材料保温层检验批质量验收记录

板状材料保温层检验批质量验收记录

GB 50207—2012　　　　　　　　　　　　　　　　桂建质 040201 □□□

单位(子单位) 工程名称			分部(子分部) 工程名称	建筑屋面 (保温与隔热)	分项工程 名称	板状材料 保温层
施工单位			项目负责人		检验批容量	
分包单位			分包单位 项目负责人		检验批部位	
施工依据		《屋面工程技术规范》 GB 50345—2012		验收依据	《屋面工程质量验收规范》 GB 50207—2012	
		验收项目	设计要求及规范规定	最小/实际 抽样数量	检查记录	检查结果
主控项目	1	材料质量	符合设计要求	检查出厂合格证、质量检验报告和进场检验报告	/	

225

续表

		验收项目		设计要求及规范规定	最小/实际抽样数量	检查记录	检查结果
主控项目	2	保温层厚度设计要求			/		
		保温层厚度偏差	正偏差	无限定	钢针插入和尺量检查	/	
			负偏差	5%且≤4 mm		/	
	3	屋面热桥部位处理		符合设计要求	观察检查	/	
一般项目	1	板状保温材料铺设		板状保温材料铺设应紧贴基层,铺平垫稳,拼缝严密,粘贴牢固	观察检查	/	
	2	固定件、垫片质量要求		固定件的规格、数量和位置符合设计要求;垫片与保温层表面齐平	观察检查	/	
	3	表面平整度		允许偏差5 mm	2 m靠尺和塞尺检查	/	
	4	接缝高低差		允许偏差2 mm	直尺和塞尺检查	/	
施工单位检查结果				专业工长: 项目专业质量检查员:			年　月　日
监理(建设)单位验收结论				专业监理工程师: (建设单位项目专业技术负责人):			年　月　日

注:检查数量:按屋面面积每100 m² 抽查一处,每处应为10 m²,且不得少于3处。

3)板状保温层隐蔽工程质量验收

要求学生参照找坡层与找平层子分部中隐蔽工程质量验收记录的填写说明及方法,分组讨论,然后运用工程资料软件,在计算机上操作完成填写。

4）保温与隔热子分部工程质量验收记录

保温与隔热子分部工程质量验收记录

GB 50207—2012　　　　　　　　　　　　　　　　　　　　　桂建质 0402

单位(子单位)工程名称		分部工程名称		分项工程数量	
施工单位		项目负责人		技术(质量)负责人	
分包单位		分包单位负责人		分包内容	

序号	分项工程名称	检验批数	施工单位检查结果	监理(建设)单位验收意见
1	板状材料保温层			(验收意见、合格或不合格的结论、是否同意验收)
2	纤维材料保温层			
3	喷涂硬泡聚氨酯保温层			
4	现浇泡沫混凝土保温层			
5	种植隔热层			
6	架空隔热层			
7	蓄水隔热层			

质量控制资料检查结论	(按附表第1～21项检查)　共　项,经查符合要求　项,经核定符合规范要求　项	安全和功能检验(检测)报告检查结论	(按附表第22～23项检查)　共核查　项,符合要求　项,经返工处理符合要求　项
观感验收记录	1.共抽查　项,符合要求　项,不符合要求　项 2.观感质量评价:	验收组验收结论	(合格或不合格、是否同意验收的结论)

勘察单位项目负责人:	设计单位项目负责人:	分包单位项目负责人:　　　　　年 月 日 施工单位项目负责人:	监理(建设)单位项目负责人:
年 月 日	年 月 日	年 月 日	年 月 日

注:"经核定符合规范要求　项"是指初验未通过的项目,按《建筑工程施工质量验收统一标准》GB 50300—2013 第5.0.6 条处理的情况。

保温与隔热子分部工程资料检查表

GB 50207—2012

桂建质 0402 附表

序号	检查内容	份数	监理(建设)单位检查意见
1	设计图纸/会审记录/变更文件/材料代用核定单	/ / /	
2	施工方案(施工方法、技术措施、质量保证措施)		
3	技术交底记录(施工操作要求及注意事项)		
4	水泥合格证/试验报告	/	
5	砂检验单/石检验单	/	
6	钢筋合格证/试验报告	/	
7	混凝土外加剂合格证/试验报告	/	
8	混凝土掺合料合格证/试验报告	/	
9	混凝土配合比通知单/砂浆配合比通知单	/	
10	商品混凝土出厂合格证		
11	混凝土开盘鉴定记录——桂建质(附)0201(0106)-03		
12	保温材料合格证/试验报告/保温层厚度检验记录	/ /	
13	保温材料强度检验报告		
14	架空隔热制品构件合格证/质量检验报告	/	
15	施工日志		
16	工序交接检验记录		
17	分项工程质量验收记录——桂建质(分项A类)		
18	隐蔽工程检查验收记录		
19	观感质量检查记录		
20	重大质量问题处理方案/验收记录	/	
21	事故处理报告/技术总结	/	
22	混凝土抗渗试验报告/强度试验报告	/	
23	淋水或蓄水试验记录		
24			
25			
26			
27			
28			
29			

检查人:

年 月 日

注:检查意见分两种,合格打"√",不合格打"×"。

228

任务三　防水与密封子分部

知识构成

根据《建筑工程施工质量验收统一标准》GB 50300—2013,防水与密封子分部工程包含卷材防水层(01)、涂膜防水层(02)、复合防水层(03)、接缝密封防水(04)4 个分项工程。

课堂活动

结合工程实例(见本书所附图纸)及表4-3,让学生独立找出本工程案例中卷材防水层、接缝密封防水两个分项工程的相关施工质量验收表格。

学生分组讨论,然后独立填写卷材防水层、接缝密封防水两个分项工程的相关施工质量验收表格。

1)卷材防水层分项工程质量验收记录

卷材防水层分项工程质量验收记录在分项工程所含检验批验收完毕后进行。

卷材防水层分项工程质量验收记录

桂建质(分项 A 类)

单位(子单位) 工程名称			分部(子分部) 工程名称			
检验批数量			分项工程专业 质量检查员			
施工单位			项目负责人		项目技术 负责人	
分包单位			分包单位 项目负责人		分包内容	
序号	检验批名称	检验批容量	部位/区段		施工单位 检查结果	监理(建设)单位 验收意见
1						
2						
3						
4						
5						

续表

序号	检验批名称	检验批容量	部位/区段	施工单位检查结果	监理(建设)单位验收意见
6					
7					
8					
9					
10					
11					
12					

说明:	

施工单位检查结果	项目专业技术负责人: 　　　　　　　　　　　年　月　日
监理(建设)单位验收结论	专业监理工程师: (建设单位项目专业技术负责人): 　　　　　　　　　　　年　月　日

注:本表(分项 A 类)适用于不涉及全高垂直度检查、无特殊要求的分项工程。混凝土现浇结构、混凝土装配结构、砖砌体、混凝土小型空心砌块砌体、石砌体分项工程质量验收记录使用分项 B 类表格。

2)卷材防水层检验批质量验收记录

卷材防水层检验批质量验收记录

GB 50207—2012　　　　　　　　　　　　　　　　　　　桂建质 040301 □□□

单位(子单位)工程名称		分部(子分部)工程名称	建筑屋面(防水与密封)	分项工程名称	卷材防水层
施工单位		项目负责人		检验批容量	
分包单位		分包单位项目负责人		检验批部位	
施工依据	《屋面工程技术规范》 GB 50345—2012		验收依据	《屋面工程质量验收规范》 GB 50207—2012	

续表

	验收项目	设计要求及规范规定	最小/实际抽样数量	检查记录	检查结果
主控项目	1 防水卷材质量	符合设计要求	检查出厂合格证、质量检验报告和进场检验报告	/		
	2 渗漏和积水要求	卷材防水层无渗漏和积水现象	雨后观察或淋水、蓄水试验	/		
	3 细部防水构造要求	卷材防水层在檐口、檐沟、天沟、水落口、泛水、变形缝和伸出屋面管道的防水构造,应符合设计要求	观察检查	/		
一般项目	1 搭接缝工艺要求	卷材的搭接缝应黏结或焊接牢固,密封严密,不得扭曲、皱折和翘边	观察检查	/		
	2 收头工艺要求	卷材防水层的收头应与基层黏结,钉压牢固,密封严密	观察检查	/		
	3 卷材防水层铺贴	铺贴方向正确	观察和尺量检查	/		
	4 卷材搭接宽	允许偏差 – 10 mm		/		
	5 屋面排汽构造	排汽道应纵横贯通,不得堵塞;排汽管安装牢固,位置正确,封闭严密	观察检查	/		

施工单位检查结果	专业工长: 项目专业质量检查员: 年　月　日	监理(建设)单位验收结论	专业监理工程师: (建设单位项目专业技术负责人): 年　月　日

注:检查数量:防水层应按屋面面积每 100 m² 抽查一处,每处应为 10 m²,且不得少于 3 处。

3)接缝密封防水检验批质量验收记录

接缝密封防水检验批质量验收记录

GB 50207—2012

桂建质040304 | 0 | 0 | 1 |

单位(子单位) 工程名称			分部(子分部) 工程名称	建筑屋面 (防水与密封)	分项工程 名称	接缝密封 防水
施工单位			项目负责人		检验批容量	
分包单位			分包单位 项目负责人		检验批部位	
施工依据		《屋面工程技术规程》 GB 50345—2012		验收依据	《屋面工程质量验收规范》 GB 50207—2012	

		验收项目	设计要求及规范规定	最小/实际 抽样数量		检查记录	检查结果
主控项目	1	材料质量	符合设计要求	检查出厂合格证、质量检验报告和进场检验报告	/		
	2	密封材料施工	嵌填密实、连续、饱满,黏结牢固,无气泡、开裂、脱落等缺陷	观察检查	/		
一般项目	1	防水部位基层施工	①基层牢固,表面平整、密实,无裂缝、蜂窝、麻面、起皮和起砂现象;②清洁、干燥,无油污、无灰尘;③涂刷基层处理剂,涂刷均匀,不漏涂	观察检查	/		
	2	密封材料嵌填深度	符合设计要求	尺量检查	/		
		接缝宽度	允许偏差±10%	尺量检查	/		
	3	嵌填密封材料施工质量	嵌填的密封材料表面平滑,缝边顺直,无明显不平和周边污染现象	观察检查	/		
施工单位检查结果		专业工长: 项目专业质量检查员: 　　　　　　年 月 日		监理 (建设) 单位 验收 结论		专业监理工程师: (建设单位项目专业技术负责人): 　　　　　　年 月 日	

注:检查数量:接缝密封防水应按每50 m² 抽查一处,每处应为5 m²,且不得少于3处。

4）屋面淋水、蓄水试验记录

屋面淋水、蓄水试验记录

工程名称：　　　　　　　　　　　　　　　　　　　　　编号：××-××-C4-×××

施工单位						
试验方法	雨后□	淋水□	蓄水□	试验日期		年　月　日
试验部位及检查情况记录	（应注明具体部位、排水坡度、淋水和蓄水时间、蓄水深度）					
试验结论	（应注明管道周围渗水情况，排水后积水情况，淋水、蓄水部位是否渗漏水，排水坡向是否正确，排水是否畅通，试验结果是否合格）					
签字栏	监理（建设）单位		施工单位			
			专业技术负责人	专业质量员		专业工长

【填写说明】

（1）适用范围

本表适用于屋面防水层的淋水、蓄水试验，由施工单位专业技术负责人组织专业质量员、专业工长填写，监理单位专业监理工程师审核签认。

（2）填表注意事项

①做完防水层后进行试验。

②试验方法：应在雨后或持续淋水 2 h 后进行。有可能作蓄水检验的层面，蓄水时间不少于 24 h。

③试验方法：在相应试验方法后的"□"内打"√"。

5）卷材防水层隐蔽工程检查验收记录/屋面防水细部构造隐蔽工程检查验收记录

要求学生参照找坡层与找平层子分部中隐蔽工程质量验收记录的填写说明及方法，分组讨论，然后运用工程资料软件，在计算机上操作完成填写。

6）防水与密封子分部工程质量验收记录

防水与密封子分部工程质量验收记录

GB 50207—2012　　　　　　　　　　　　　　　　　　　　　　　　　桂建质0403

单位（子单位）工程名称		分部工程名称		建筑屋面	分项工程数量	
施工单位		项目负责人			技术（质量）负责人	
分包单位		分包单位负责人			分包内容	

续表

序号	分项工程名称	检验批数	施工单位检查结果	监理（建设）单位验收意见
1	卷材防水层			（验收意见、合格或不合格的结论、是否同意验收）
2	涂膜防水层			
3	复合防水层			
4	接缝密封防水			

质量控制资料检查结论	（按附表第1～22项检查） 共　　项,经查符合要求　　项,经核定符合规范要求　　项	安全和功能检验（检测）报告检查结论	（按附表第23～24项检查） 共核查　　项,符合要求　　项,经返工处理符合要求　　项
观感验收记录	1.共抽查　　项,符合要求　　项,不符合要求　　项 2.观感质量评价:	验收组验收结论	（合格或不合格、是否同意验收的结论）

勘察单位 项目负责人: 年　月　日	设计单位 项目负责人: 年　月　日	分包单位 项目负责人: 　　　　　年　月　日 施工单位 项目负责人: 　　　　　年　月　日	监理（建设）单位 项目负责人: 年　月　日

注:"经核定符合规范要求　　项"是指初验未通过的项目,按《建筑工程施工质量验收统一标准》GB 50300—2013 第5.0.6
条处理的情况。

防水与密封子分部工程资料检查表

GB 50207—2012　　　　　　　　　　　　　　　　　　　　　　　桂建质 0403 附表

序号	检查内容	份数	监理单位检查意见
1	设计图纸/会审记录/变更文件/材料代用核定单	／　／　／	
2	施工方案（施工方法、技术措施、质量保证措施）		
3	技术交底记录（施工操作要求及注意事项）		
4	水泥合格证/试验报告	／	
5	砂检验单/石检验单	／	
6	钢筋合格证/试验报告	／	
7	混凝土外加剂合格证/试验报告	／	
8	混凝土掺合料合格证/试验报告	／	
9	混凝土配合比通知单/砂浆配合比通知单	／	
10	商品混凝土出厂合格证		

续表

序号	检查内容	份数	监理单位检查意见
11	混凝土开盘鉴定记录——桂建质(附)0201(0106)-03		
12	密封材料出厂合格证/试验报告	/	
13	胎体增强材料合格证/出厂质量检验报告/试验报告	/ /	
14	防水材料合格证/型式检验报告/出厂质量检验报告	/ /	
15	防水材料进场验收记录/进场检验报告	/	
16	施工日志		
17	工序交接检验记录		
18	分项工程质量验收记录——桂建质(分项A类)		
19	隐蔽工程检查验收记录		
20	观感质量检查记录		
21	重大质量问题处理方案/验收记录	/	
22	事故处理报告/技术总结	/	
23	混凝土强度试验报告		
24	淋水或蓄水试验记录		
25			
26			
27			
28			
29			

检查人:

年　月　日

注:检查意见分两种,合格打"√",不合格打"×"。

任务四　细部构造子分部

知识构成

根据《建筑工程施工质量验收统一标准》GB 50300—2013,细部构造子分部工程包含檐口(01)、檐沟和天沟(02)、女儿墙和山墙(03)、水落口(04)、变形缝(05)、伸出屋面管道(06)、屋面出入口(07)、反梁过水孔(08)、设施基座(09)、屋脊(10)、屋顶窗(11)11个分项工程。

课堂活动

📖 结合工程实例(见本书所附图纸)及表4-3,让学生独立找出本工程案例中檐口、檐沟和天沟、女儿墙和山墙、水落口、伸出屋面管道、屋面出入口、反梁过水孔7个分项工程的相关施工质量验收表格。

📖 学生分组讨论,然后独立填写檐口、檐沟和天沟、女儿墙和山墙、水落口、伸出屋面管道、屋面出入口、反梁过水孔7个分项工程的相关施工质量验收表格。

1.檐口分项

1)檐口分项工程质量验收记录

檐口分项工程质量验收记录在分项工程所含检验批验收完毕后进行。

檐口分项工程质量验收记录

桂建质(分项A类)

单位(子单位) 工程名称			分部(子分部) 工程名称			
检验批数量			分项工程专业 质量检查员			
施工单位			项目负责人		项目技术 负责人	
分包单位			分包单位 项目负责人		分包内容	
序号	检验批名称	检验批容量	部位/区段	施工单位检查结果	监理(建设)单位 验收意见	
1						
2						
3						
4						
5						
6						
7						
8						
9						
10						
11						
12						

续表

说明:		
施工单位 检查结果		项目专业技术负责人: 年 月 日
监理(建设)单位 验收结论		专业监理工程师: (建设单位项目专业技术负责人): 年 月 日

注:本表(分项A类)适用于不涉及全高垂直度检查、无特殊要求的分项工程。混凝土现浇结构、混凝土装配结构、砖砌体、混凝土小型空心砌块砌体、石砌体分项工程质量验收记录使用分项B类表格。

2)檐口检验批质量验收记录

檐口检验批质量验收记录

GB 50207—2012   桂建质 040501 □□□

单位(子单位) 工程名称			分部(子分部) 工程名称	建筑屋面 (细部构造)	分项工程 名称	檐口
施工单位			项目负责人		检验批容量	
分包单位			分包单位 项目负责人		检验批部位	
施工依据		《屋面工程技术规范》 GB 50345—2012	验收依据		《屋面工程质量验收规范》 GB 50207—2012	

		验收项目	设计要求及规范规定		最小/实际 抽样数量	检查记录	检查结果
主控项目	1	防水构造	符合设计要求	观察检查	/		
	2	排水坡度	符合设计要求	坡度尺检查和 雨后观察或淋 水试验	/		
		渗漏和积 水现象	檐口部位不得有 渗漏和积水现象		/		
一般项目	1	檐口卷材 施工	檐口800 mm范围 内卷材应满粘	观察检查	/		
	2	卷材收头	在找平层凹槽内 用金属压条钉压 固定,并用密封材 料封严	观察检查	/		

续表

一般项目	3	涂膜收头	用防水涂料多遍涂刷	观察检查	/		
	4	檐口施工	檐口端部应抹聚合物水泥砂浆,其下端应做成鹰嘴和滴水槽	观察检查	/		

施工单位检查结果	专业工长: 项目专业质量检查员: 年　月　日	监理(建设)单位验收结论	专业监理工程师: (建设单位项目专业技术负责人): 年　月　日

注:1. 检查数量:全数检验。

2. 细部构造所使用卷材、涂料和密封材料的质量符合设计要求,两种材料之间具有相容性。

3. 屋面细部构造热桥部位保温处理符合设计要求。

2. 檐沟与天沟分项

1)檐沟与天沟分项工程质量验收记录

檐沟与天沟分项工程质量验收记录在分项工程所含检验批验收完毕后进行。

檐沟与天沟分项工程质量验收记录

桂建质(分项 A 类)

单位(子单位)工程名称		分部(子分部)工程名称		
检验批数量		分项工程专业质量检查员		
施工单位		项目负责人		项目技术负责人
分包单位		分包单位项目负责人		分包内容

序号	检验批名称	检验批容量	部位/区段	施工单位检查结果	监理(建设)单位验收意见
1					
2					
3					
4					
5					
6					
7					

续表

序号	检验批名称	检验批容量	部位/区段	施工单位 检查结果	监理(建设)单位 验收意见
8					
9					
10					
11					
12					

说明:

施工单位 检查结果		项目专业技术负责人: 年　月　日
监理(建设)单位 验收结论		专业监理工程师: (建设单位项目专业技术负责人): 年　月　日

注:本表(分项 A 类)适用于不涉及全高垂直度检查、无特殊要求的分项工程。混凝土现浇结构、混凝土装配结构、砖砌体、混凝土小型空心砌块砌体、石砌体分项工程质量验收记录使用分项 B 类表格。

2)檐沟和天沟检验批质量验收记录

檐沟和天沟检验批质量验收记录

GB 50207—2012　　　　　　　　　　　　　　　　　　　　桂建质 040502 [0] [0] [1]

单位(子单位) 工程名称		分部(子分部) 工程名称	建筑屋面 (细部构造)	分项工程 名称	檐沟和 天沟
施工单位		项目负责人		检验批容量	
分包单位		分包单位 项目负责人		检验批部位	
施工依据	《屋面工程技术规范》 GB 50345—2012		验收依据	《屋面工程质量验收规范》 GB 50207—2012	

		验收项目	设计要求及规范规定	最小/实际 抽样数量	检查记录	检查结果
主控项目	1	檐沟、天沟 防水构造	符合设计要求	观察检查	/	
	2	檐沟、天沟 排水坡度	符合设计要求	坡度尺检查和 雨后观察或淋 水、蓄水试验	/	
		渗漏和积水 现象	沟内不得有渗 漏和积水现象		/	

续表

一般项目	1	檐沟、天沟附加层铺设	符合设计要求	观察和尺量检查	/		
	2	檐沟防水层、卷材收头、涂膜收头施工	檐沟防水层应由沟底翻上至外侧顶部,卷材收头应用金属压条钉压固定,并应用密封材料封严;涂膜收头应用防水涂料多遍涂刷	观察检查	/		/
	3	檐沟外侧顶部及侧面施工	均抹聚合物水泥砂浆,其下端做成鹰嘴和滴水槽	观察检查	/		/
施工单位检查结果		专业工长: 项目专业质量检查员: 年 月 日		监理(建设)单位验收结论		专业监理工程师: (建设单位项目专业技术负责人): 年 月 日	

注:1.检查数量:全数检验。

2.细部构造所使用卷材、涂料和密封材料的质量符合设计要求,两种材料之间具有相容性。

3.屋面细部构造热桥部位保温处理符合设计要求。

3. 女儿墙和山墙分项

1) 女儿墙和山墙分项工程质量验收记录

女儿墙和山墙分项工程质量验收记录在分项工程所含检验批验收完毕后进行。

女儿墙和山墙分项工程质量验收记录

桂建质(分项 A 类)

单位(子单位) 工程名称			分部(子分部) 工程名称			
检验批数量			分项工程专业 质量检查员			
施工单位			项目负责人		项目技术 负责人	
分包单位			分包单位 项目负责人		分包内容	
序号	检验批名称	检验批容量	部位/区段		施工单位 检查结果	监理(建设)单位 验收意见
1						
2						

续表

序号	检验批名称	检验批容量	部位/区段	施工单位检查结果	监理(建设)单位验收意见
3					
4					
5					
6					
7					
8					
9					
10					
11					
12					

说明：

施工单位检查结果		项目专业技术负责人： 　　　　　　年　月　日
监理(建设)单位验收结论		专业监理工程师： (建设单位项目专业技术负责人)： 　　　　　　年　月　日

注：本表(分项 A 类)适用于不涉及全高垂直度检查、无特殊要求的分项工程。混凝土现浇结构、混凝土装配结构、砖砌体、混凝土小型空心砌块砌体、石砌体分项工程质量验收记录使用分项 B 类表格。

2)女儿墙和山墙检验批质量验收记录

女儿墙和山墙检验批质量验收记录

GB 50207—2012　　　　　　　　　　　　　　　　桂建质 040503 | 0 | 0 | 1 |

单位(子单位)工程名称		分部(子分部)工程名称	建筑屋面(细部构造)	分项工程名称	女儿墙和山墙
施工单位		项目负责人		检验批容量	
分包单位		分包单位项目负责人		检验批部位	
施工依据	《屋面工程技术规范》 GB 50345—2012		验收依据	《屋面工程质量验收规范》 GB 50207—2012	

续表

		验收项目	设计要求及规范规定		最小/实际抽样数量	检查记录	检查结果
主控项目	1	防水构造	符合设计要求	观察检查	/		
	2	压顶向内排水坡度	≥5%	观察和坡度尺检查	/		
		压顶内侧下端施工	内侧下端做成鹰嘴或滴水槽		/		
	3	渗漏和积水现象	女儿墙和山墙的根部不得有渗漏和积水现象	雨后观察或淋水试验	/		
一般项目	1	泛水高度及附加层铺设	符合设计要求	观察和尺量检查	/		
	2	女儿墙和山墙卷材	满粘,卷材收头用金属压条钉压固定,并用密封材料封严	观察检查	/		
	3	女儿墙和山墙涂膜	直接涂刷至压顶下,涂膜收头用防水涂料多遍涂刷	观察检查	/		
施工单位检查结果			专业工长: 项目专业质量检查员:				年 月 日
监理(建设)单位验收结论			专业监理工程师: (建设单位项目专业技术负责人):				年 月 日

注:1. 检查数量:全数检验。

2. 细部构造所使用卷材、涂料和密封材料的质量符合设计要求,两种材料之间具有相容性。

3. 屋面细部构造热桥部位保温处理符合设计要求。

4. 水落口分项

1)水落口分项工程质量验收记录

水落口分项工程质量验收记录在分项工程所含检验批验收完毕后进行。

水落口分项工程质量验收记录

桂建质（分项 A 类）

单位(子单位) 工程名称			分部(子分部) 工程名称			
检验批数量			分项工程专业 质量检查员			
施工单位			项目负责人		项目技术 负责人	
分包单位			分包单位 项目负责人		分包内容	

序号	检验批名称	检验批容量	部位/区段	施工单位 检查结果	监理(建设)单位 验收意见
1					
2					
3					
4					
5					
6					
7					
8					
9					
10					
11					
12					

说明:	
施工单位 检查结果	项目专业技术负责人: 　　　　　　　　　　　　年　月　日
监理(建设)单位 验收结论	专业监理工程师: (建设单位项目专业技术负责人): 　　　　　　　　　　　　年　月　日

注:本表(分项 A 类)适用于不涉及全高垂直度检查、无特殊要求的分项工程。混凝土现浇结构、混凝土装配结构、砖砌体、混凝土小型空心砌块砌体、石砌体分项工程质量验收记录使用分项 B 类表格。

2）水落口检验批质量验收记录

水落口检验批质量验收记录

GB 50207—2012　　　　　　　　　　　　　　　　　　桂建质 040504 ⬚0⬚ ⬚0⬚ ⬚1⬚

单位(子单位)工程名称			分部(子分部)工程名称	建筑屋面（细部构造）	分项工程名称		水落口
施工单位			项目负责人		检验批容量		
分包单位			分包单位项目负责人		检验批部位		
施工依据		《屋面工程技术规范》GB 50345—2012		验收依据	《屋面工程质量验收规范》GB 50207—2012		

		验收项目	设计要求及规范规定	最小/实际抽样数量	检查记录	检查结果
主控项目	1	防水构造	符合设计要求	观察检查	/	
	2	杯上口位置	水落口杯上口应设在沟底的最低处	雨后观察或淋水、蓄水试验	/	
		渗漏和积水现象	水落口处不得有渗漏和积水现象		/	
一般项目	1	水落口的数量、位置及安装	水落口的数量和位置应符合设计要求；水落口杯应安装牢固	观察和手扳检查	/	
	2	水落口周围直径500 mm范围内坡度	≥5%	观察和尺量检查	/	
		水落口周围附加层铺设	符合设计要求		/	
	3	防水层和附加层伸入水落口杯内距离及要求	≥50 mm，并黏结牢固	观察和尺量检查	/	

施工单位检查结果	专业工长：项目专业质量检查员： 年　月　日	监理（建设）单位验收结论	专业监理工程师：（建设单位项目专业技术负责人）： 年　月　日

注：1. 检查数量：全数检验。

2. 细部构造所使用卷材、涂料和密封材料的质量符合设计要求，两种材料之间具有相容性。

3. 屋面细部构造热桥部位保温处理符合设计要求。

5.伸出屋面管道分项

1)伸出屋面管道分项工程质量验收记录

伸出屋面管道分项工程质量验收记录在分项工程所含检验批验收完毕后进行。

伸出屋面管道分项工程质量验收记录

桂建质(分项 A 类)

单位(子单位) 工程名称			分部(子分部) 工程名称			
检验批数量			分项工程专业 质量检查员			
施工单位			项目负责人		项目技术 负责人	
分包单位			分包单位 项目负责人		分包内容	
序号	检验批名称	检验批容量	部位/区段	施工单位 检查结果	监理(建设)单位 验收意见	
1						
2						
3						
4						
5						
6						
7						
8						
9						
10						
11						
12						
说明:						
施工单位 检查结果		项目专业技术负责人: 　　　　　　　　年　月　日				
监理(建设)单位 验收结论		专业监理工程师: (建设单位项目专业技术负责人): 　　　　　　　　年　月　日				

注:本表(分项 A 类)适用于不涉及全高垂直度检查、无特殊要求的分项工程。混凝土现浇结构、混凝土装配结构、砖砌体、
　混凝土小型空心砌块砌体、石砌体分项工程质量验收记录使用分项 B 类表格。

2）伸出屋面管道检验批质量验收记录

伸出屋面管道检验批质量验收记录

GB 50207—2012   桂建质 040506 [0] [0] [1]

单位（子单位）工程名称			分部（子分部）工程名称	建筑屋面（细部构造）	分项工程名称	伸出屋面管道
施工单位			项目负责人		检验批容量	
分包单位			分包单位项目负责人		检验批部位	
施工依据			《屋面工程技术规范》GB 50345—2012	验收依据	《屋面工程质量验收规范》GB 50207—2012	

		验收项目	设计要求及规范规定		最小/实际抽样数量	检查记录	检查结果
主控项目	1	防水构造	符合设计要求	观察检查	/		
	2	渗漏和积水现象	伸出屋面管道根部不得有渗漏和积水现象	雨后观察或淋水试验			
一般项目	1	管道的泛水高度及附加层铺设	符合设计要求	观察和尺量检查	/		
	2	管道周围找平层施工	找平层应抹出高度≥30 mm 的排水坡	观察和尺量检查			
	3	卷材防水层和涂膜防水层施工	卷材防水层收头应用金属箍固定，并应用密封材料封严，涂膜防水层收头应用防水涂料多遍涂刷	观察检查	/		
施工单位检查结果		专业工长：项目专业质量检查员： 　　年　月　日		监理（建设）单位验收结论	专业监理工程师：（建设单位项目专业技术负责人）： 　　　年　月　日		

注：1. 检查数量：全数检验。

　　2. 细部构造所使用卷材、涂料和密封材料的质量符合设计要求，两种材料之间具有相容性。

　　3. 屋面细部构造热桥部位保温处理符合设计要求。

6. 屋面出入口分项

1)屋面出入口分项工程质量验收记录

屋面出入口分项工程质量验收记录在分项工程所含检验批验收完毕后进行。

屋面出入口分项工程质量验收记录

桂建质(分项 A 类)

单位(子单位)工程名称				分部(子分部)工程名称					
检验批数量				分项工程专业质量检查员					
施工单位				项目负责人			项目技术负责人		
分包单位				分包单位项目负责人			分包内容		
序号	检验批名称	检验批容量	部位/区段			施工单位检查结果		监理(建设)单位验收意见	
1									
2									
3									
4									
5									
6									
7									
8									
9									
10									
11									
12									
说明:									
施工单位检查结果					项目专业技术负责人: 年　月　日				
监理(建设)单位验收结论					专业监理工程师: (建设单位项目专业技术负责人): 年　月　日				

注:本表(分项 A 类)适用于不涉及全高垂直度检查、无特殊要求的分项工程。混凝土现浇结构、混凝土装配结构、砖砌体、混凝土小型空心砌块砌体、石砌体分项工程质量验收记录使用分项 B 类表格。

2）屋面出入口检验批质量验收记录

屋面出入口检验批质量验收记录

GB 50207—2012

桂建质 040507 | 0 | 0 | 1 |

单位（子单位）工程名称			分部（子分部）工程名称		建筑屋面（细部构造）	分项工程名称	屋面出入口
施工单位			项目负责人			检验批容量	
分包单位			分包单位项目负责人			检验批部位	
施工依据			《屋面工程技术规范》GB 50345—2012		验收依据	《屋面工程质量验收规范》GB 50207—2012	

		验收项目	设计要求及规范规定		最小/实际抽样数量	检查记录	检查结果
主控项目	1	防水构造	符合设计要求	观察检查	/		
	2	渗漏和积水现象	屋面出入口处不得有渗漏和积水现象	雨后观察或淋水试验	/		
一般项目	1	防水层及附加层要求	屋面垂直出入口防水层收头应压在压顶圈下，附加层铺设应符合设计要求	观察检查	/		
	2	防水层收头、附加层和护墙要求	屋面水平出入口防水层收头应压在混凝土踏步下，附加层铺设和护墙应符合设计要求	观察检查	/		
	3	泛水高度	≥250 mm	观察和尺量检查	/		
施工单位检查结果		专业工长：项目专业质量检查员： 　　　年　月　日		监理（建设）单位验收结论		专业监理工程师： （建设单位项目专业技术负责人）： 　　　　年　月　日	

注：1.检查数量：全数检验。

　　2.细部构造所使用卷材、涂料和密封材料的质量符合设计要求，两种材料之间具有相容性。

　　3.屋面细部构造热桥部位保温处理符合设计要求。

7. 反梁过水孔分项

1) 反梁过水孔分项工程质量验收记录

反梁过水孔分项工程质量验收记录在分项工程所含检验批验收完毕后进行。

反梁过水孔分项工程质量验收记录

桂建质(分项 A 类)

单位(子单位) 工程名称			分部(子分部) 工程名称			
检验批数量			分项工程专业 质量检查员			
施工单位			项目负责人		项目技术 负责人	
分包单位			分包单位 项目负责人		分包内容	
序号	检验批名称	检验批容量	部位/区段		施工单位 检查结果	监理(建设)单位 验收意见
1						
2						
3						
4						
5						
6						
7						
8						
9						
10						
11						
12						
说明:						
施工单位 检查结果				项目专业技术负责人: 　　　　年　月　日		
监理(建设)单位 验收结论				专业监理工程师: (建设单位项目专业技术负责人): 　　　　年　月　日		

注:本表(分项 A 类)适用于不涉及全高垂直度检查、无特殊要求的分项工程。混凝土现浇结构、混凝土装配结构、砖砌体、混凝土小型空心砌块砌体、石砌体分项工程质量验收记录使用分项 B 类表格。

2）反梁过水孔检验批质量验收记录

反梁过水孔检验批质量验收记录

GB 50207—2012

桂建质 040508 | 0 | 0 | 1 |

单位(子单位)工程名称				分部(子分部)工程名称		建筑屋面(细部构造)	分项工程名称		反梁过水孔
施工单位				项目负责人			检验批容量		
分包单位				分包单位项目负责人			检验批部位		
施工依据			《屋面工程技术规范》GB 50345—2012			验收依据		《屋面工程质量验收规范》GB 50207—2012	

		验收项目	设计要求及规范规定		最小/实际抽样数量	检查记录		检查结果	
主控项目	1	防水构造	符合设计要求	观察检查	/				
	2	渗漏和积水现象	反梁过水孔处不得有渗漏和积水现象	雨后观察或淋水试验	/				
一般项目	1	孔底标高、孔洞尺寸或预埋管管径	符合设计要求	尺量检查	/				
	2	孔洞和预埋管道施工	反梁过水孔的孔洞四周应涂刷防水涂料；预埋管道两端周围与混凝土接触处应留凹槽，并应用密封材料封严	观察检查	/				
施工单位检查结果		专业工长：项目专业质量检查员： 年 月 日			监理(建设)单位验收结论	专业监理工程师：(建设单位项目专业技术负责人)： 年 月 日			

注：1.检查数量：全数检验。

2.细部构造所使用卷材、涂料和密封材料的质量符合设计要求,两种材料之间具有相容性。

3.屋面细部构造热桥部位保温处理符合设计要求。

3) 细部构造子分部工程质量验收记录

细部构造子分部工程质量验收记录

GB 50207—2012 桂建质 0405

单位(子单位)工程名称			子分部工程数量		分项工程数量	
施工单位			项目负责人		技术(质量)负责人	
分包单位			分包单位负责人		分包内容	

序号	分项工程名称	检验批数	施工单位检查结果	监理(建设)单位验收意见
1	檐口			(验收意见、合格或不合格的结论、是否同意验收)
2	檐沟和天沟			
3	女儿墙和山墙			
4	水落口			
5	变形缝			
6	伸出屋面管道			
7	屋面出入口			
8	反梁过水孔			
9	设施基座			
10	屋脊			
11	屋顶窗			

质量控制资料检查结论	(按附表第1~22项检查) 共　　项,经查符合要求　　项,经核定符合规范要求　　项	安全和功能检验(检测)报告检查结论	(按附表第23~24项检查) 共核查　　项,符合要求　　项,经返工处理符合要求　　项
观感质量验收结论	1.共抽查　　项,符合要求　　项,不符合要求　　项 2.观感质量评价:	验收组验收结论	(合格或不合格、是否同意验收的结论)

勘察单位 项目负责人: 　　年　月　日	设计单位 项目负责人: 　　年　月　日	分包单位 项目负责人: 　　年　月　日 施工单位 项目负责人: 　　年　月　日	监理(建设)单位 项目负责人: 　　年　月　日

注:"经核定符合规范要求 项"是指初验未通过的项目,按《建筑工程施工质量验收统一标准》GB 50300—2013 第5.0.6 条处理的情况。

细部构造子分部工程资料检查表

GB 50207—2012   桂建质 0405 附表

序号	检查内容	份数	监理单位检查意见
1	设计图纸/会审记录/变更文件/材料代用核定单	/ / /	
2	施工方案(施工方法、技术措施、质量保证措施)		
3	技术交底记录(施工操作要求及注意事项)		
4	水泥合格证/试验报告	/	
5	砂检验单/石检验单	/	
6	钢筋合格证/试验报告	/	
7	混凝土外加剂合格证/试验报告	/	
8	混凝土掺合料合格证/试验报告	/	
9	混凝土配合比通知单/砂浆配合比通知单		
10	商品混凝土出厂合格证		
11	混凝土开盘鉴定记录——桂建质(附)0201(0106)-03		
12	密封材料出厂合格证/试验报告	/	
13	胎体增强材料合格证/出厂质量检验报告/试验报告	/ /	
14	防水材料合格证/型式检验报告/出厂质量检验报告	/ /	
15	防水材料进场验收记录/进场检验报告	/	
16	施工日志		
17	工序交接检验记录		
18	分项工程质量验收记录——桂建质(分项 A 类)		
19	隐蔽工程检查验收记录		
20	观感质量检查记录		
21	重大质量问题处理方案/验收记录	/	
22	事故处理报告/技术总结	/	
23	混凝土抗渗试验报告/强度试验报告	/	
24	雨后观察或淋水、蓄水试验记录		
25			
26			
27			
28			
29			
30			

检查人:

年　月　日

注:检查意见分两种,合格打"√",不合格打"×"。

252

任务五　建筑屋面分部工程质量验收资料

知识构成

分部工程的验收是以所含各分项工程验收为基础进行的。首先,组成分部工程的各分项工程已验收合格且相应的质量控制资料齐全、完整。此外,由于各分项工程的性质不尽相同,因此作为分部工程,不能简单地组合而加以验收,尚须增加以下两类检查项目:

①涉及安全、节能、环境保护和主要使用功能的主体结构分部工程应进行有关见证检验或抽样检测。

②以观察、触摸或简单量测的方式进行观感质量验收,并结合验收人的主观判断,检查结果不给出"合格"或"不合格"的结论,而是综合给出"好""一般""差"的质量评价结果。对于"差"的检查点应通过返修处理等补救。

建筑屋面分部工程质量验收合格应符合下列规定:

①所含分项工程的质量均应验收合格;

②质量控制资料应完整;

③有关安全、节能、环境保护和主要使用功能的抽样检验结果应符合相应规定;

④观感质量应符合要求。

课堂活动

📖 结合工程实例(见本书所附图纸),让学生分组讨论建筑屋面分部工程质量验收的条件是否具备,基层与保护层子分部、保温与隔热子分部、防水与密封子分部、细部构造子分部工程的质量验收资料及其各分项工程质量验收资料是否完整。

📖 列出建筑屋面分部工程质量验收还需要填写的表格。

📖 教师引导,学生分组讨论并填写以下资料。

1. 建筑屋面分部工程质量验收记录

建筑屋面分部工程质量验收记录

GB 50300—2013　GB 50207—2012　　　　　　　　　　　　　　　　　　桂建质 04

单位(子单位) 工程名称		子分部工程 数量		分项工程 数量	
施工单位		项目负责人		技术(质量) 负责人	
分包单位		分包单位 负责人		分包内容	

续表

序号	子分部工程名称	分项工程数	施工单位检查结果	验收组验收结论
1	基层与保护			(验收意见、合格或不合格的结论、是否同意验收)
2	保温与隔热			
3	防水与密封			
4	瓦面与板面			
5	细部构造			

质量控制资料检查结论	共　　项,经查符合要求　　项,经核定符合规范要求　　项	安全和功能检验(检测)报告检查结论	共核查　　项,符合要求　　项,经返工处理符合要求　　项
观感质量验收结论	1.共抽查　　项,符合要求　　项,不符合要求　　项 2.观感质量评价(好、一般、差):		

施工单位	设计单位	监理(建设)单位	勘察单位
项目负责人:	项目负责人:	项目负责人:	项目负责人:
(公章) 　年　月　日	(公章) 　年　月　日	(公章) 　年　月　日	(公章) 　年　月　日

注:1.质量控制资料、安全和功能检验(检测)报告检查情况可查阅有关子分部工程质量验收记录或直接查阅原件,统计整理后填入本表。

2.本验收记录尚应有各有关子分部工程质量验收记录作附件。

3.观感质量验收由总监理工程师或建设单位项目专业负责人组织并以其为主,听取参验人员意见后作出评价,如评为"差"时,能修的尽量修,若不能修,只要不影响结构安全和使用功能,可协商接收,并在"验收组验收意见"栏中注明。

4.勘察单位不需参加除地基与基础分部以外的分部工程验收,此时可以将勘察单位签字盖章栏删除;设计单位不需参加电梯分部工程验收,此时可以将设计单位签字盖章栏删除,并将施工单位栏改为电梯安装单位栏。